要訓品

소태산
대종경
마음공부

11
·
요훈품

글·균산 최정풍 교무

『대종경大宗經』은 원불교 교조인 소태산少太山 박중빈朴重彬 대종사大宗師의 언행록입니다. 원기47(서기1962년)에 완정하여 『정전正典』과 합본, 『원불교교전』으로 편찬 발행되었습니다. 『정전』이 소태산 대종사가 직접 저술한 원불교 제1의 경전이라면 『대종경』은 그의 사상 전반을 이해할 수 있는 제2의 대표 경전입니다. 소태산 대종사의 열반원기28년, 서기1943년 후 『대종경』 편찬에 신속히 착수한 제자들의 노력 덕분에 소태산 대종사의 생생한 말씀과 행적이 온전하게 세상에 전해지게 되었습니다.

소태산의 수제자 정산鼎山종사는 "정전은 교리의 원강을 밝혀 주신 '원元'의 경전이요, 대종경은 두루 통달케 하여 주신 '통通'의 경전이라"고 설한 바 있습니다. 원리적인 가르침을 압축해놓은 『정전』의 이해를 도와주는 필독 경전이라고 할 수 있습니다.

『대종경』은 별다른 해석이나 주석 없이 그냥 쉽게 읽을 수 있는 경전입니다. 하지만 요즘 사람들에게는 낯선 한자 용어에 대한 설명이나 내용 이해를 돕는 부연 설명이 경전 읽기에 도움이 될 수도 있겠다는 생각으로 이 책을 집필하게 되었습니다.

또한 이 책은 『대종경』을 처음 공부하는 이들이 좀 더 쉽게 내용을 파악하도록 돕기 위해서 기획되었습니다. 그런 이유로 첫째, 『대종경』 원문의 문장을 새롭게 편집했습니다. 기본적인 편집 방식에서 벗어나 문단을 왼쪽 정렬로 하고 필자 임의로 문단 나누기, 문장 나누기, 띄어쓰기를 했습니다. 둘째, 어려운 용어들은 사전적 풀이를 요약해서 원문 아래에 각주를 실었습니다. 셋째, 원문에 대한 필자의 부연 설명을 시도했습니다. 이 내용들은 매우 주관적인 해석이라는 한계를 갖고 있습니다. 다른 참고 교재들을 충분히 참고할 것을 권장합니다. 넷째, 경전 내용의 실생활 활용에 방점을 둔 질문들을 해보았습니다. 경전의 내용 파악을 돕기 위한 질문들도 있지만 자신의 삶을 성찰해야만 응답할 수 있는 질문들도 포함되었습니다. 이에 대한 대답은 독자마다 다를 것이고 독자들의 공부 정도에 따라서도 달라질 것입니다. 특정한 정답보다는 최선의 답이 필요합니다. 이런 질문에 응답하는 과정에서 공부가 깊어지기를 바랐습니다. 더 많은 자문자답으로 이어지기를 기대합니다.

이 책은 주로 교화자로서 살아온 필자가 교화자의 관점에서 쓴 교화교재입니다. 여기 담긴 필자의 견해는 교단의 공식적 견해와는 무관합니다. 현명한 독자들께서 이런 점들을 감안하여 공부의 한 방편으로 활용해주시길 바랍니다. 부족하거나 틀린 내용에 대해서는 여러분들의 가르침을 기다리겠습니다. 아무쪼록 이 작은 책이 주세불 소태산 대종사의 심통제자心通弟子가 되는 데 겨자씨만한 도움이라도 되기를 기원합니다. 출판을 도와주신 모든 분들의 은혜에 깊이 감사합니다.

소태산 마음학교 원남교실 경원재에서
원기109년(서기2024) 2월 1일 균산 최정풍 교무 합장

참고

『대종경』 공부를 하기 전에 「원불교 교사^{教史}」 일독을 권합니다. 『대종경』은 언행록^{言}^{行錄}이지만 관련 상황에 대한 자세한 설명은 생략된 경우가 많습니다. 교사를 읽으면 법문의 전후 상황을 파악하는 데 큰 도움을 받을 수 있습니다.

다음은 『대종경^{大宗經}』 공부에 도움이 될 만한 대표적인 해설서 및 참고 도서입니다.
『원불교대종경해의』$^{(한정석, 동아시아, 2001)}$,
『대종경풀이』$^{(류성태, 원불교출판사, 2005)}$,
『주석 대종경선외록』$^{(편저 이공전, 주석: 서문성, 원불교출판사, 2017)}$,
『초고로 읽는 대종경』$^{(고시용, 원불교출판사, 2022)}$,
『원불교교고총간』$^{(원불교출판사, 1994)}$,
『대종경 강좌 上·下』$^{(조정중, 배문사, 2017)}$ 등이 있습니다.

법문과 원불교 용어 설명 대부분은
'원불교' 홈페이지 http://won.or.kr/ '경전법문집', '원불교대사전' 내용을 인용했습니다. 그 밖에는 '네이버 사전' http://naver.com 에서 인용했습니다.
필자가 쓴 부분은 '필자 주'로 표기했습니다.

'나의 마음공부'란에는 몇 가지 질문을 실었지만 답을 싣지는 않았습니다. '자문자답'이 더 중요하다고 생각했습니다. 답을 찾는 과정이 '교당내왕시 주의사항'을 실천하는 계기가 되기를 기대합니다. 먼저 자력으로 답을 해보고, '교화단'에서 회화도 하고, 교화단장이나 교무 등 지도인과 문답問答·감정鑑定·해오解悟를 하기 좋은 소재가 되기를 기대합니다.

본문의 문체는 최대한 구어체를 사용했습니다. 독자와의 거리감을 줄이려는 노력이지만 전통적인 문법에는 맞지 않을 수 있습니다. 양해를 구합니다.

이 책을 '경전' 훈련을 위한 교재, '자습서' 삼아서 밑줄도 치고 필기도 하면서 편리하게 활용해주시면 감사하겠습니다.

▶ YouTube '소태산 마음학교'에서 대종경 관련 동영상 시청이 가능합니다.

• 이 책은 소신호, 유근효 교도님의 후원으로 출판되었습니다. 후원에 감사합니다.

목차

요훈품 1장	마음공부는 모든 공부의 근본	10
요훈품 2장	수도인이 구하는 바	16
요훈품 3장	마음은 모든 선악의 근본	20
요훈품 4장	마음이 바른 뒤에야	24
요훈품 5장	큰 지혜	28
요훈품 6장	어리석은 줄을 알면	32
요훈품 7장	정 위에 혜	36
요훈품 8장	용맹 있는 사람이 강적 만나기 쉽고	40
요훈품 9장	근심과 걱정	44
요훈품 10장	큰 도에 발원한 사람은	48
요훈품 11장	큰 공부를 방해하는 두 마장	52
요훈품 12장	희망이 끊어진 사람	56
요훈품 13장	여의보주	60
요훈품 14장	먼저 내가	64
요훈품 15장	자기를 능히 이기는 사람	70
요훈품 16장	두 가지 어리석은 사람	74
요훈품 17장	모든 것을 구하는 데에 도가 있건마는	78
요훈품 18장	군자	82
요훈품 19장	화복의 근원	86
요훈품 20장	복을 많이 받을 사람	90

요훈품 21장: 어리석게 남의 일만 해주는 것 같으나	94
요훈품 22장: 거짓 없이 그 일에만 충실하므로	100
요훈품 23장: 스스로 높은 체하는 사람	104
요훈품 24장: 선은 들추어낼수록	108
요훈품 25장: 음조 음해	114
요훈품 26장: 선 가운데 악의 움이 자라나고	118
요훈품 27장: 공것	122
요훈품 28장: 진인 성인	126
요훈품 29장: 빈말로 맹세하지 말라	130
요훈품 30장: 악한 기운과 독한 기운	134
요훈품 31장: 복을 불러들이는 근본	140
요훈품 32장: 한 때에 악을 범한 사람이라도	144
요훈품 33장: 해에서도 은혜를 발견하여	150
요훈품 34장: 악한 사람을 미워하지 말고 불쌍히 여겨야	154
요훈품 35장: 천하에는 버릴 것이 하나도 없나니라	158
요훈품 36장: 자신도 모르는 가운데	164
요훈품 37장: 바른 신심	170
요훈품 38장: 제도하기 어려운 사람	174
요훈품 39장: 대중의 규칙을 어기는 것은	180
요훈품 40장: 특별한 인물	184

요훈품 41장: 도가의 명맥   188
요훈품 42장: 참 자유   192
요훈품 43장: 복전   196
요훈품 44장: 눈앞의 일밖에 모르는 사람   200
요훈품 45장: 시방 삼계를 소유하는 사람   206

대종사 말씀하시기를
[모든 학술을 공부하되
쓰는 데에 들어가서는 끊임이 있으나,
마음 작용하는 공부를 하여 놓으면
일분 일각도 끊임이 없이 활용되나니,
그러므로 마음공부는 모든 공부의 근본이 되나니라.]

『대종경』「요훈품」1장

마음공부는 모든 공부의 근본 | 풀이 |

대종사 말씀하시기를
[모든 학술을 공부하되
쓰는 데에 들어가서는 끊임이 있으나,

독일어를 공부했는데 아프리카에 살게 되면 공부의 효용이 적습니다.
한의학을 공부한 사람이 외과 수술을 할 수 없습니다.
물론 외과 의사가 침을 놓을 수도 없습니다.
기계공학을 공부한 사람이 심리상담을 하기도 어렵습니다.
그 반대도 마찬가지입니다.
소태산 대종사님께서 이른바 '과학'이라고 칭하는 '학술'의 한계입니다.

마음 작용하는 공부를 하여 놓으면
일분 일각도 끊임이 없이 활용되나니,

소태산 대종사님의 핵심 가르침이 '마음공부'입니다.
원불교에서 가르치고자 하는 것도 바로 이 '마음공부'입니다.
마음이 어떤 것인지,
마음이 어떻게 작용하는지,
마음을 어떻게 사용해야 하는지를 공부하도록 안내하고 지도합니다.

사람의 운명이 마음에 달렸습니다.
우리의 행복과 불행도 마음에 달렸습니다.
인류문명의 미래도 결국은 사람의 마음에 달렸습니다.
마음공부를 해야 할 이유입니다.

천만 경계에 응해서 마음을 어떻게 사용하는지에 따라,
언제 어디서 마음을 어떻게 사용하는지에 따라,
실행이 이어지고 그에 따라 죄복과 고락의 결과가 달라집니다.

죄복, 고락, 행불행, 운명의 핵심인 마음은
떼려야 뗄 수 없이 늘 나와 함께하고, 영원불멸합니다.
그래서 마음공부는 '지금' 해야 합니다.
'지금'이 간단없이 이어져서 '무시선無時禪 무처선無處禪'이 되도록 해야 합니다.
'상시常時'로 수행해야 하고, '일상日常'으로 수행해야 하는 까닭입니다.
'온전한 생각으로 취사하기를 주의'하는 '지금 이 순간'의 마음공부가 이어져
우리 모두를 '광대무량한 낙원으로 인도' - 『정전』「개교의 동기」 하는
원동력이 되도록 해야 합니다.

그러므로 마음공부는 모든 공부의 근본이 되나니라.]

한 분야에 집중된 학문은 '쓰는 데에 들어가서는 끊임이 있'다고 하셨습니다.
하지만 '마음공부'를 함께 하면 그 모든 학문들도 함께 빛을 발할 것입니다.
도학과 과학의 병진을 강조하신 소태산 대종사님의 뜻입니다.

마음공부, 마음 작용하는 법, 용심법用心法에 관한 다음 법문을 보면서
마음공부를 강조하시는 대종사님의 깊은 뜻을 톺아보기를 바랍니다.

"대종사 선원 대중에게 물으시기를 [그대들은 여기서 무엇을 배우느냐고 묻는 이가 있다면 어떻게 대답하겠는가.]하시니, 한 선원禪員은 [삼대력 공부를 한다 하겠나이다.]하고, 또 한 선원은 [인생의 요도를 배운다 하겠나이다.]하며, 그 밖에도 여러 사람의 대답이 한결같지 아니한지라, 대종사 들으시고 말씀하시기를 [그대들의 말이 다 그럴 듯하나 나도 또한 거기에 부연하여 한 말 하여 주리니 자세히 들으라. 무릇 무슨 문답이나 그 상대편의 인물과 태도에 따라 그 때에 적당한 대답을 하여야 할 것이나, 대체적

으로 대답한다면 나는 모든 사람들의 마음 작용하는 법을 가르친다고 할 것이며, 거기에 다시 부분적으로 말하자면 지식 있는 사람에게는 지식 사용하는 방식을, 권리 있는 사람에게는 권리 사용하는 방식을, 물질 있는 사람에게는 물질 사용하는 방식을, 원망 생활하는 사람에게는 감사 생활하는 방식을, 복 없는 사람에게는 복 짓는 방식을, 타력 생활하는 사람에게는 자력 생활하는 방식을, 배울 줄 모르는 사람에게는 배우는 방식을, 가르칠 줄 모르는 사람에게는 가르치는 방식을, 공익심 없는 사람에게는 공익심이 생겨나는 방식을 가르쳐 준다고 하겠노니, 이를 몰아 말하자면 모든 재주와 모든 물질과 모든 환경을 오직 바른 도로 이용하도록 가르친다 함이니라.]" - 「대종경」「교의품」29장

대종사님께서는 '마음 작용하는 법'을 통해서 '모든 재주와 모든 물질과 모든 환경을 오직 바른 도로 이용하도록' 가르친다고 설하십니다.
마음공부가 왜 중심이 되고 왜 우선되어야 하는지를 알려주십시.

마음공부로 중심을 잡지 못하면 개인의 삶도 인류문명도 방향을 잃게 됩니다.
개인과 인류 모두의 미래를 위해서도
모든 사람들이 마음공부를 필수과목으로 삼아야겠습니다.

'마음'은 모든 사람이 가지고 있습니다.
이념이나 사상, 종교와도 별개입니다.
마음이 있은 다음에 이들이 있기 때문입니다.
따라서 '마음공부'는 이들과 무관하게 누구나 함께할 수 있는 공부입니다.

마음공부를 작게 보면 한 마음을 어떻게 챙겨서 잘 쓸 수 있느냐 하는 공부지만,
달리 보면 원불교의 신앙과 수행 모두를 아울러 통칭하는 표현이기도 합니다.
왜냐면 신앙과 수행을 아울러 잘하지 못하면 마음을 잘 쓸 수 없기 때문입니다.
마음공부란 종교와 학문의 울을 넘어선 인류보편의 공부입니다.
'마음공부는 모든 공부의 근본'이라고 설하신 까닭입니다.

나의 마음공부

• 나는 '일분 일각도 끊임이 없이 활용' 되는 마음공부를 하고 있나요?

• 나는 '마음공부가 모든 공부의 근본'이라고 생각하나요?

• 나는 마음공부를 어떻게 하고 있나요?

• 나는 마음공부의 효과, 공덕을 어떻게 얻고 있나요?

대종사 말씀하시기를
[수도인이 구하는 바는,
마음을 알아서 마음의 자유를 얻자는 것이며,
생사의 원리를 알아서 생사를 초월하자는 것이며,
죄복의 이치를 알아서 죄복을 임의로 하자는 것이니라.]

『대종경』「요훈품」2장

• **임의任意** : 일정한 기준이나 원칙 없이 하고 싶은 대로 함. 자기 의사대로 처리하는 일.

수도인이 구하는 바 | 풀이 |

대종사 말씀하시기를
[수도인이 구하는 바는,

수도인, 공부인이라면 자신에게 수시로 질문하기를 쉬지 말아야 합니다.
"과연 내가 구하는 것이 무엇인가?"라고.
이 질문에 잘못 답하게 되면 수행길이 바뀌게 됩니다.
수행의 목적, 본질에 대한 관점이 명확해야 수행길에서 헤매지 않을 수 있습니다.
'수도修道'하는 데 '도道'를 잃지 않을 수 있습니다.

마음을 알아서 마음의 자유를 얻자는 것이며,

이 법문의 핵심은 '마음의 자유'입니다.
'생사를 초월'하는 것도,
'죄복을 임의'로 하는 것도 모두 마음의 자유에서 비롯되기 때문입니다.

마음의 자유를 얻어야 삶의 온갖 부자유에서 벗어날 수 있습니다.
마음의 자유를 얻으려면 '마음'부터 '알아야'만 합니다.
마음의 본질을 깨닫고,
마음 사용법을 배우고 익혀야, 비로소 마음의 자유를 얻을 수 있습니다.
불교식으로 말하자면 '견성 성불'입니다.
마음을 깨달아야 하고, 마음을 잘 사용해야 합니다.

생사의 원리를 알아서 생사를 초월하자는 것이며,
죄복의 이치를 알아서 죄복을 임의로 하자는 것이니라.]

요훈품

'생사의 원리를 알아서 생사를 초월하자는 것'이나,
'죄복의 이치를 알아서 죄복을 임의로 하자는 것'이 모두
마음의 자유에서 나오는 것이니,
'수도인이 구하는 바'는 결국 '마음의 자유'입니다.

그러니,
마음의 자유를 얻었다고 하는 사람이
생사에 자유하지 못하고, 죄복을 마음대로 하지 못한다면 앞뒤가 맞지 않습니다.
생사의 경계, 죄복의 경계에서 심신작용을 어떻게 하는지를 보면
그 공부인의 마음공부 실력을 알 수 있습니다.

마음자유, 생사자유, 죄복자유를 하나로 관통해주시는 법문입니다.
인간의 삶을 한계 짓는 세 가지로부터 자유로워지는 것.
그것이 수도인의 목적입니다.

그러니 누구든 생활 속에서 이 세 가지 자유를 추구하는 사람이
수도인修道人입니다

나의 마음공부

• 나는 무엇을 구하는 수도인修道人, 공부인工夫人인가요?

• 나는 '마음의 자유'를 얼마나 얻었나요?

• 나는 얼마나 '생사를 초월'하고 있나요?

• 나는 얼마나 '죄복을 임의로' 하고 있나요?

대종사 말씀하시기를
[한 마음이 선하면 모든 선이 이에 따라 일어나고,
한 마음이 악하면 모든 악이 이에 따라 일어나나니,
그러므로 마음은 모든 선악의 근본이 되나니라.]

『대종경』「요훈품」 3장

마음은 모든 선악의 근본　|풀이|

대종사 말씀하시기를
[한 마음이 선하면 모든 선이 이에 따라 일어나고,
한 마음이 악하면 모든 악이 이에 따라 일어나나니,

사람은 선한 존재일까요, 악한 존재일까요?
성선설이 맞을까요, 성악설이 맞을까요?
사람의 마음이 언제 선하고 언제 악할까요?
소태산 대종사님은 "사람의 성품이 정한즉 선도 없고 악도 없으며, 동한즉 능히 선하고 능히 악하나니라."- 『대종경』「성리품」2장 라고 설하셨습니다.
사람의 성품이 원래 선한 것도 아니고 원래 악한 것도 아니란 말씀입니다.
천만 경계에 응할 때에 선하기도 하고 악하기도 할 수 있다는 말씀입니다.
정靜하면 무선무악無善無惡하고, 동動하면 능선능악能善能惡하다고 할 수 있습니다.

사람은 언제든 선할 수도 있고 악할 수도 있습니다.
선인과 악인은 고정불변한 것이 아닙니다.
한 마음을 낼 때 선하게 내면 그 마음이 선행으로 이어지고,
선행이 쌓이고 쌓이면 그 사람을 선한 사람이라고 할 뿐입니다.
한 마음을 낼 때 악하게 내면 그 마음이 악행으로 나타나고,
악행이 거듭되어 업이 되면 그 사람을 악한 사람이라고 하는 것입니다.
선악은 정해져 있지 않습니다.

그러므로 마음은 모든 선악의 근본이 되나니라.]

그래서 '한 마음'을 낼 때, 심신작용하려고 발심發心할 때가 매우 중요합니다.

한 마음을 어떻게 내느냐에 따라 선악이 갈리고 죄복의 결과가 달라지기 때문입니다.
이런 결과들이 쌓이고 쌓여서 그 사람의 운명이 좌우되기 때문입니다.
부처님들께서 마음공부를 신신당부하는 이유입니다.

작은 한 마음도 천만 경계에 응할 때마다 다른 결과를 나타나게 합니다.
선한 한 마음이 천만 경계를 만나면 천만 가지 선한 결과가 나타나게 되고,
악한 한 마음이 천만 경계를 만나면 천만 가지 악한 업보가 쌓이게 됩니다.
마음의 씨앗이 자라서 수많은 열매를 맺게 하는 것이죠.
만고불변의 인과의 이치입니다.
'일체유심조 一切唯心造'의 이치입니다.

나의 마음공부

- 나는 '선'과 '악'을 잘 분별할 수 있나요?

- 나는 내 '한 마음'을 늘 알아차리고 있나요?

- 나의 한 마음에 선과 악이 '따라 일어나'는 것을 잘 볼 수 있나요?

- '마음은 모든 선악의 근본'임을 확실히 깨달았나요?

대종사 말씀하시기를
[마음이 바르지 못한 사람이
돈이나 지식이나 권리가 많으면
그것이 도리어 죄악을 짓게 하는 근본이 되나니,
마음이 바른 뒤에야
돈과 지식과 권리가 다 영원한 복으로 화하나니라.]

『대종경』「요훈품」 4장

마음이 바른 뒤에야 | 풀이 |

대종사 말씀하시기를
[마음이 바르지 못한 사람이
돈이나 지식이나 권리가 많으면
그것이 도리어 죄악을 짓게 하는 근본이 되나니,

옛날 석가모니 부처님 말씀에
'젖소가 물을 마시면 우유^{牛乳}가 되고,
독사가 물을 마시면 독^毒이 된다'는 말씀이 있습니다.
물은 물일 뿐입니다.
물은 우유도 아니고, 독도 아닙니다.
소나 뱀에 의해 우유도 되고 독도 되는 것이지요.

돈도 돈일 뿐, 지식도 지식일 뿐, 권리도 권리일 뿐입니다.
돈과 지식 그 자체는 나쁜 것도 아니고 좋은 것도 아닙니다.
그러나 돈 때문에 인생을 망치는 사람들이 참으로 많습니다.
그런가 하면 어떤 분들은 평생 고생해서 모은 돈으로 선행을 합니다.
지식과 권리를 악용하여 사회에 해악을 미치는 사람이 있는가 하면
어떤 사람들은 이들을 활용해서 인류사회를 위해 이바지합니다.

결국 돈이나 지식이나 권리가 문제가 아니라,
돈이나 지식이나 권리를 사용하는 사람의 문제이고,
그 사람의 마음이 문제입니다.
돈과 지식과 권리를 구하는데 급급하면 삶의 본질을 놓치게 됩니다.

마음이 바른 뒤에야
돈과 지식과 권리가 다 영원한 복으로 화하나니라.]

바른 마음이 근본(本)이고 나머지 것들은 곁가지(末)일 뿐입니다.
말末이 본本을 대신할 수는 없습니다.
영원한 복의 원천은 '마음' 입니다.
나머지는 '마음'에 달린 것입니다.
마음공부가 중요한 이유입니다.

나의 마음공부

- 돈이 많은데 죄악을 저지르는 사람을 찾아봅니다.

- 지식이 많은데 죄악을 저지르는 사람을 찾아봅니다.

- 권리가 많은데 죄악을 저지르는 사람을 찾아봅니다.

- 나는 '돈과 지식과 권리가 다 영원한 복으로 화' 하는 방법을 알고 있나요?

- 나는 '마음을 바르게 하는' 방법을 알고 있나요?

- 나는 '마음을 바르게 하' 기 위해 어떤 노력을 하고 있나요?

5

대종사 말씀하시기를
[선이 좋은 것이나,
작은 선에 얽매이면 큰 선을 방해하고,
지혜가 좋은 것이나,
작은 지혜에 얽매이면 큰 지혜를 방해 하나니,
그 작은 것에 얽매이지 아니하는 공부를 하여야 능히 큰 것을 얻으리라.]

『대종경』「요훈품」5장

큰 지혜　[풀이]

대종사 말씀하시기를
[선이 좋은 것이나,
작은 선에 얽매이면 큰 선을 방해하고,

살생을 하지 않는 것이 선한 일입니다.
하지만 해충이 갓난아기를 물려고 하면 부득이 살생을 해야 합니다.
운전자가 차선을 지키는 것은 당연한 일입니다.
하지만 응급구조차가 환자를 이송할 때는 중앙선을 넘을 수도 있습니다.
석가모니 부처님이나 예수님 같은 성인들은 큰 선을 위해 작은 선을 초월했습니다.
부득이 구습을 타파하고 계율에 얽매이지 않았습니다.
깊은 마음공부로 작은 선을 벗어나야 큰 선을 이룰 수 있습니다.

지혜가 좋은 것이나,
작은 지혜에 얽매이면 큰 지혜를 방해 하나니,

초등학생의 지식과 대학교수의 지식이 같을 수 없습니다.
초등학생이 배우는 물리 이론은 대학에서 배우는 그것과 다를 수 있습니다.
범부와 중생에게도 지혜가 있지만 부처와 성현들의 지혜와는 차이가 있습니다.
초등학생이 자신의 알음알이를 고집하면 대학생이 될 수 없듯이,
범부·중생도 자신의 지혜를 고집하면 더 밝은 지혜의 세계로 나아갈 수 없습니다.
'큰 지혜'를 얻는 과정은 곧 '작은 지혜'를 벗어나는 과정입니다.
부단한 자기 부정의 과정이라고 할 수 있습니다.

그 작은 것에 얽매이지 아니하는 공부를 하여야 능히 큰 것을 얻으리라.]

마음의 자유도 마찬가지입니다.
작은 자유에 만족하면 더 큰 자유를 얻을 수 없습니다.
작은 행복에 만족하면 더 큰 행복을 얻을 수 없습니다.
작은 인격에 만족하면 더 큰 인격을 완성할 수 없습니다.

'상相'을 벗어나야 한다거나 '무아'가 되어야 한다는 가르침들도 같은 맥락입니다.
'작다', '크다'의 경계마저 초월하는 경지로 나아가는 공부를 해야겠습니다.
'능히 큰 것'이라는 말조차도 필요 없는 경지로 나아가야겠습니다.

나의 마음공부

• 나는 '작은 선'과 '큰 선'을 온전히 분별할 수 있나요?

• 나는 '작은 지혜'과 '큰 지혜'를 어떻게 분별하나요?

• 나는 '작은 것에 얽매이지 아니하는 공부'를 어떻게 하고 있나요?

• 내가 '큰 것'을 얻은 경로를 돌아봅니다.

대종사 말씀하시기를
[자기가 어리석은 줄을 알면,
어리석은 사람이라도 지혜를 얻을 것이요,
자기가 지혜 있는 줄만 알고 없는 것을 발견하지 못하면,
지혜 있는 사람이라도 점점 어리석은 데로 떨어지나니라.]

『대종경』「요훈품」6장

어리석은 줄을 알면 | 풀이 |

대종사 말씀하시기를
[자기가 어리석은 줄을 알면,
어리석은 사람이라도 지혜를 얻을 것이요,

"너 자신을 알라!"라는 소크라테스의 말을 떠올리게 하는 법문입니다.
가장 어리석은 사람은 자신이 어리석은 줄을 모르는 사람입니다.
자기가 자기 자신을 제대로 알지 못하는 것입니다.
이런 경우 그 어리석음은 무한히 지속될 것입니다.
어리석은 사람으로 생을 마칠 수도 있습니다.
두려운 일입니다.

자신의 '어리석음'을 보는, 알아차리는 주인공은 누구일까요?
'나'이고, '내 마음'이고, '자성自性', '자성 광명' 등으로 이름할 수 있습니다.
자신의 성품에서 발하는 '자성 광명', '공적영지空寂靈知의 광명'이 있기 때문에
그 마음거울에 자신을 비춰볼 수 있는 것입니다.
소위 '자성반조自性返照'라고 할 수 있습니다.
소태산 대종사님께서는 '제불·조사·범부·중생의 성품'이 같다고 하셨습니다.
범부나 부처나 원래는 똑같이 빛나는 성품을 가졌다고 알려주셨습니다.
이 성품이라는 마음거울에 비춰보면 자신의 어리석음을 발견할 수 있는 것입니다.
자신의 어리석음을 깨달을 때 참다운 지혜의 세계로 진입하게 됩니다.
어리석은 줄도 모르면 지혜로워질 가능성도 없습니다.
그래서 참으로 지혜로운 사람은 자신의 어리석음을 누구보다 많이 알고 있으며,
그래서 지혜로워지기 위한 공부에 끝없는 정성을 쏟습니다.

자기가 지혜 있는 줄만 알고 없는 것을 발견하지 못하면,
지혜 있는 사람이라도 점점 어리석은 데로 떨어지나니라.]

'작은 지혜에 얽매이면 큰 지혜를 방해 하나니'라는 「요훈품」5장 말씀과 상통합니다.
자신의 작은 지혜에 만족하면 그 마음이 '상相'이 되어버립니다.
그 상이 마음의 빛을 가려서 마음을 어둡게 하고 지혜의 빛을 가려버립니다.
자신의 어리석음을 알아차리지 못하게 됩니다.
지혜가 밝아질수록 거기에 자만하지 말고 끝없이 자신을 성찰할 필요가 있습니다.
한 번 지혜로우면 영원히 지혜로운 것이 아닙니다.
부단히 마음공부를 해야 비로소 지혜의 광명을 유지하고 더할 수 있습니다.

'우리는 지혜가 어두웠든지 밝았든지 되는 대로 사는데 부처님께서는 지혜가
어두워지면 밝게 하는 능력이 계시고, 밝으면 계속하여 어두워지지 않게 하는 능력이
계시며'-『대종경』「서품」17장 라는 법문을 유념해서 부처님과 같이 정진해야겠습니다.

나의 마음공부

- 나는 어떤 면에서 얼마나 '어리석은' 사람인가요?

- 내가 발견한 나의 가장 큰 어리석음은 무엇인가요?

- 나는 '지혜 있는 사람이라도 점점 어리석은 데로 떨어지'는 경우를 보았나요?

- 나는 점점 지혜로워지고 있나요?

- 나는 어떻게 해야 지혜를 얻을 수 있을까요?

대종사 말씀하시기를
[큰 도를 닦는 사람은 정定과 혜慧를 같이 운전하되,
정 위에 혜를 세워 참 지혜를 얻고,
큰 사업을 하는 사람은 덕德과 재才를 같이 진행하되,
덕 위에 재를 써서 참 재주를 삼나니라.]

『대종경』「요훈품」 7장

정 위에 혜 | 풀이 |

대종사 말씀하시기를
[큰 도를 닦는 사람은 정定과 혜慧를 같이 운전하되,
정 위에 혜를 세워 참 지혜를 얻고,

큰 도道를 닦는다는 것은 정혜定慧를 쌍수雙修한다는 의미입니다.
불교나 원불교의 전통적 수행론에 의한다면 삼학三學 병진竝進을 의미합니다.
삼학이란 정·혜·계 또는 정신수양·사리연구·작업취사 세 가지 공부입니다.

비유하자면 정定이 나무의 뿌리라면 혜慧는 꽃이라고 할 수 있습니다.
정이 건물의 기초라면 혜는 기초 위의 건물입니다.
소태산 대종사님은 『정전』「정신수양」에서 이렇게 설하셨습니다.
"우리가 정신수양 공부를 오래오래 계속하면 정신이 철석같이 견고하여,
천만 경계를 응용할 때에 마음에 자주의 힘이 생겨 결국 수양력을 얻을 것이니라."

마음의 '자주의 힘'이 마음의 기초가 되는 셈입니다.
지식이나 학식이 많아도 불안한 사람이 있습니다.
아는 것이 많아도 지혜롭지 못하고 어리석고 그른 사람이 있습니다.
마음공부의 기초, 정신수양 공부가 부족한 탓입니다.
건물을 높이 건축하려면 기초를 깊고 단단하게 해야 하듯이
지혜로워지고 싶다면 오히려 정신수양 공부를 깊이 있게 해야 합니다.
그래야 지혜의 광명도 더할 수 있습니다.
마음이 '공적空寂' 해져야 '영지靈知'가 빛나고,
대적광전처럼 '대적大寂' 해야 '광전光殿'이 되는 것과 같습니다.

요훈품

큰 사업을 하는 사람은 덕德과 재才를 같이 진행하되,
덕 위에 재를 써서 참 재주를 삼나니라.]

'재승박덕才勝薄德'이란 말이 있죠.
재주는 뛰어난데 덕이 모자람을 일컫는 말입니다.
사람의 인격, 됨됨이는 부족한데 재주만 뛰어난 것을 의미합니다.
이런 재주는 오히려 해가 될 수 있습니다.
재주를 사용하고, 활용해야 할 인격의 힘이 부족하기 때문입니다.
대종사님은 '덕이라 하는 것은 쉽게 말하자면 어느 곳 어느 일을 막론하고
오직 은혜가 나타나는 것을 이름'-『대종경』「인도품」2장 한다고 말씀하셨습니다.
은혜를 느끼고 알아 감사생활을 하고 보은의 도리를 할 줄 모르는 사람이
자잘한 재주로 살아간다면 오히려 그 재주로 인해 삶이 위태로워지기 쉽습니다.
여기서도 마찬가지로 덕德이 뿌리이고 기초이기 때문입니다.

나무뿌리가 튼튼해야 꽃과 열매가 실한 것과 같이
사람도 정定과 덕德을 튼실하게 챙겨야
그 위에서 지혜와 재주가 참되게 빛날 것입니다.
공부인이라면 차분히 정신수양 공부, 덕을 기르는 공부부터 잘 챙겨야겠습니다.

나의 마음공부

• 나의 '정定'과 '혜慧'의 크기는 얼마나 되나요?

• 어떻게 해야 '정 위에 혜를 세워 참 지혜를 얻'을 수 있을까요?

• 어떻게 해야 '덕 위에 재를 써서 참 재주를 삼'을 수 있을까요?

• 나는 '정 위에 혜'를 세우고, '덕 위에 재'를 쓰고 있나요?

대종사 말씀하시기를
[용맹 있는 사람이 강적 만나기 쉽고,
재주 있는 사람이 일 그르치기 쉽나니라.]

『대종경』「요훈품」8장

• **용맹 勇猛** : 용감하고 사나움.

용맹 있는 사람이 강적 만나기 쉽고 | 풀이 |

대종사 말씀하시기를
[용맹 있는 사람이 강적 만나기 쉽고,

경계 따라 마음이 발(發)하지만
마음에 따라 경계가 생(生)하기도 합니다.
'나는 용맹하다.'라는 한 마음이 강적을 불러올 수 있습니다.
섣부른 용맹이 강적을 불러들이고, 싸움을 일으킵니다.
이런 용맹은 만용에 가까운 것으로서
누군가에게 과시하고 싶은 마음이 숨어있는 용맹입니다.
진정한 용맹은 싸움을 불러들이지 않습니다.
싸움이 사라지게 합니다.
이왕 용맹하려면
'마음 난리에 편할 날이 없는 이 세상을 평정하는 훌륭한 도원수(都元帥)' -「수행품」58장
정도의 경지를 지향해야 합니다.
겸손하고 겸손할 일입니다.

재주 있는 사람이 일 그르치기 쉽나니라.]

'인과의 이치'를 깊이 궁구해야 할 대목입니다.
거짓 용맹함이 위기를 불러오듯이 얕은 재주 역시 실패를 불러오기 쉽습니다.
'나는 재주 있다', '나는 유능하다'라는 생각 때문일 것입니다.
자칫하면 자신을 과대평가해서 능력 밖의 일도 해낼 수 있다고 덤비기 쉽습니다.
이런 사람들은 '응용하는데 온전한 생각으로 취사하기를 주의'하라는
소태산 대종사님의 가르침을 가볍게 여기기 쉽습니다.

오히려 겸손한 사람은 재주와 능력이 좀 부족하더라도
주위에 묻고 도움을 구해서 일을 그르치지 않을 수 있습니다.

한 마음이 행동과 태도를 결정하고 인격을 형성합니다.
용맹함과 재주가 문제가 아니라
'용맹하다는 마음', '나는 재주가 있다는 태도'가 경계를 만들 수 있습니다.
사실적으로 '용맹'하더라도 '용맹하다'는 상相은 없어야 하고,
'재주'가 있더라도 '재주 있다'는 상相을 비워야 합니다.
그래야 더 노력해서 더 큰 용맹을 갖추고 더 큰 재주를 얻게 될 것입니다.
작은 용맹과 얕은 재주가 위기를 불러올 수 있음을 깨달아야겠습니다.
마음 씀씀이를 신중하게 하고 늘 겸손한 태도로 생활해야겠습니다.
인과의 이치를 깊이 생각하면서 모든 심신작용을 해야겠습니다.

나의 마음공부

• 나의 용맹함이 강적을 불러온 경우가 있나요?

• 나의 재주가 일을 그르치게 한 원인이 된 경우가 있나요?

• 나는 '용맹 있는 사람이 강적 만나기 쉬운 이치'를 잘 아나요?

• 나는 '재주 있는 사람이 일 그르치기 쉬운 이치'를 잘 아나요?

대종사 말씀하시기를
[어리석은 사람은
근심과 걱정이 있을 때에는 없애기에 노력하지마는,
없을 때에는 다시 장만하기에 분주하나니,
그러므로 그 생활에 근심과 걱정이 다할 날이 없나니라.]

『대종경』「요훈품」 9장

- 근심 : 해결되지 않은 일 때문에 속을 태우거나 우울해함.
- 걱정 : 안심이 되지 않아 속을 태움.

근심과 걱정 | 풀이 |

대종사 말씀하시기를
[어리석은 사람은
근심과 걱정이 있을 때에는 없애기에 노력하지마는,

근심과 걱정이 있을 때 그 근심과 걱정을 없애려는 노력은
사람이라면 누구나 하는 본능적인 일입니다.
근심과 걱정은 마음을 고통스럽게 하기 때문입니다.
근심과 걱정을 안고 살면서 행복할 수는 없습니다.
그래서 누구나 근심과 걱정을 없애기 위해서 그 원인과 처방을 생각합니다.
석가모니 부처님께서 '고집멸도苦集滅道'의 가르침을 펴신 것이나
소태산 부처님께서 '파란고해의 일체중생을 광대무량한 낙원으로 인도'하려 하심도
같은 이유에서 시작된 것이라고 할 수 있습니다.
근심과 걱정 없는 행복한 삶으로 인도하려는 목적인 것입니다.

없을 때에는 다시 장만하기에 분주하나니,
그러므로 그 생활에 근심과 걱정이 다할 날이 없나니라.]

그런데 '근심과 걱정'이 '없을 때에는 다시 장만하기에 분주' 하다고 안타까워하십니다.
인과의 이치로 보자면 원인을 다스리는 것이 중요합니다.
처음부터 근심거리와 걱정거리를 만들지 않는 것이 중요합니다.
자신이 이것들을 만들어놓고 다시 없애려고 노력하는 것은 어리석은 짓입니다.
자업자득自業自得의 업의 굴레를 벗어날 수 없는 셈입니다.
모든 고통과 업보는 사실은 '내가 지은 것' 입니다.
업을 지어 놓고 그 업을 청산하기보다 그 업을 짓지 않는 것이 현명한 일입니다.

요훈품

인과보응의 이치를 공부하는 이유가 여기에 있습니다.
범부 중생들의 삶은 계속해서 더럽히면서 청소하느라 애쓰는 것과 비슷합니다.
애초에 더럽히지 않으면 청소하느라 애쓸 이유도 없는 것입니다.

법문은 쉽지만 실천은 쉽지 않습니다.
원론적으로 보자면 '인과보응의 이치'를 투철하게 깨달아
삼학 수행으로 삼대력을 얻어야 근심 걱정을 일소할 수 있을 것입니다.
'육근이 무사하면 잡념을 제거하고 일심을 양성하며, 육근이 유사하면 불의를
제거하고 정의를 양성하라.' – 『정전』「무시선법」 라는 가르침을 꾸준히 실천하고,
'동하여도 분별에 착이 없고 정하여도 분별이 절도에 맞는' – 『정전』「법위등급」 공부에도
공을 들여야 합니다.

나의 마음공부

• 나의 주된 '근심과 걱정'은 무엇인가요?

• 나의 '근심과 걱정'은 어디서 비롯되었나요?

• 나는 '근심과 걱정'을 어떻게 없애고 있나요?

• 나는 혹시 '근심과 걱정'을 '다시 장만하기에 분주'한 사람인가요?

• 나의 '근심과 걱정'을 내가 '다시 장만' 하는 이유는 무엇일까요?

대종사 말씀하시기를

[큰 도에 발원한 사람은 짧은 시일에 속히 이루기를 바라지 말라.

잦은걸음으로는 먼 길을 걷지 못하고,

조급한 마음으로는 큰 도를 이루기 어렵나니,

저 큰 나무도 작은 싹이 썩지 않고 여러 해 큰 결과요,

불보살도 처음 발원을 퇴전退轉하지 않고 오래오래 공을 쌓은 결과이니라.]

『대종경』「요훈품」10장

- **발원 發願** : (1)어떠한 일을 바라고 원하는 생각을 내는 것. (2)부처나 보살이 중생을 구제하고자 다짐하는 맹세. 또는 부처나 보살에게 소원을 비는 것을 뜻하기도 한다. 곧 중생을 제도하려는 부처나 보살의 소원이 이루어지도록 기원하는 것. 제생의세·성불제중의 서원을 세우는 것. 수행에 용맹 정진해서 반드시 큰 깨달음을 얻겠다는 서원을 세우고, 일원세계·극락세계를 건설하여 일체중생을 제도하겠다는 서원을 일으키는 것.
- **퇴전 退轉** : (1) 파산하여 살림이 다른 사람에게로 넘어감. 또는 일이 바뀌어 나쁘게 됨의 의미. (2)보리심을 잃어 수증修證한 도위道位를 잃고 본디의 하위下位로 전락轉落함. 오랫동안 수행 정진하여 얻은 경지를 잃고 뒤로 물러서는 것. 법력이나 신심이 퇴보하고 타락하는 것. 중근병에 걸리거나 퇴굴심이 생기면 퇴전하기 쉽다. 출가위가 되어야만 어떠한 경우에도 퇴전하지 않는다. 설사 법강항마위라 할지라도 퇴전할 수 있으므로 수행인은 항상 퇴전하지 않도록 서원반조·신성반조를 통해 정진해야 한다.

큰 도에 발원한 사람은 | 풀이 |

대종사 말씀하시기를
[큰 도에 발원한 사람은 짧은 시일에 속히 이루기를 바라지 말라.

성불제중과 같은 큰 서원을 발한 사람이 '큰 도에 발원한 사람'입니다.
원만한 인격 완성과 무아봉공의 헌신이 포함된 발원입니다.
이런 '공부길'과 '인생길'은 '짧은 시일'에 갈 수 없는 먼 길입니다.
목적지가 멀리 있으니 갈 길도 먼 것입니다.
이런 길을 나설 때는 마음가짐도 거기에 맞춰야 합니다.

잦은걸음으로는 먼 길을 걷지 못하고,
조급한 마음으로는 큰 도를 이루기 어렵나니,

소태산 대종사님께서 제시해주신
'공부의 요도' 삼학팔조와 '인생의 요도' 사은사요는 '먼 길'입니다.
'오래오래' - 『정전』「삼학」 가야 할 길입니다.
특별한 기능이 아니라 원만한 인격을 갖추려니 시간이 오래 걸리고,
작은 성취가 아니라 일체 생령을 위한 무한한 보은행이 필요합니다.
평생에 걸쳐 꾸준한 정성으로 가야 할 길입니다.
'조급한 마음'과 '잦은걸음'은 중도 포기로 이어질 수 있습니다.
대종사님께서 크게 경계하시는 이유입니다.

저 큰 나무도 작은 싹이 썩지 않고 여러 해 큰 결과요,
불보살도 처음 발원을 퇴전退轉하지 않고 오래오래 공을 쌓은 결과이니라.]

작은 싹은 처음엔 잘 보이지도 않지만 느린 성장을 쉬지 않습니다.
그 작고 느린 성장이 결국 큰 나무의 정체입니다.
천만 경계가 불보살의 앞길을 가로막아도 불보살들은 정성을 쉬지 않습니다.
멈췄다 갈지언정 뒷걸음을 치지는 않습니다.
대종사님께서는 정성에 대해서,
'성誠이라 함은 간단없는 마음을 이름이니, 만사를 이루려 할 때에 그 목적을 달하게 하는 원동력' – 『정전』「팔조」 이라고 하셨습니다.
'오래오래 공을 쌓'는 것이 '성誠'과 같습니다.
이 정성이란 원인(因)이 쌓이고 쌓여서 불보살이라는 결과(果)를 맺는 것입니다.
공부인이라면 늘 자신의 심신작용을 살펴야겠습니다.

나의 마음공부

- 나는 어떤 서원을 발했나요?

- 나는 혹시 '조급한 마음으로 큰 도를 이루'려고 하는 것 아닌가요?

- 나는 혹시 '잦은걸음으로 먼 길을' 가려는 것은 아닌가요?

- 나는 '처음 발원을 퇴전하지 않고 오래오래 공을 쌓'고 있나요?

- 혹시 내 발걸음이 '잦은걸음'이라면 그 이유는 무엇인가요?

- 혹시 내 마음이 '조급한 마음'이라면 그 마음은 어디서 비롯되었을까요?

대종사 말씀하시기를
[큰 공부를 방해하는 두 마장魔障이 있나니,
하나는 제 근기를 스스로 무시하고 자포자기하여 향상을 끊음이요,
둘은 작은 지견에 스스로 만족하고 자존자대하여 향상을 끊음이니,
이 두 마장을 벗어나지 못하고는 큰 공부를 이루지 못하나니라.]

『대종경』「요훈품」 11장

- 마장魔障 : 어떠한 일에 마魔가 끼어듦. 일의 진행을 요사스럽게 가로막음.
- 근기根機 : 교법敎法을 받아들여 성취할 품성과 능력의 정도.
- 자포자기自暴自棄 : 절망에 빠져 자신을 포기하고 돌아보지 않음.
- 지견知見 : 지식과 견문. 식견識見. 학식과 견문.
- 자존자대自尊自大 : 자기를 높고 크게 여김. 스스로 잘난 체함.

큰 공부를 방해하는 두 마장魔障　| 풀이 |

대종사 말씀하시기를
[큰 공부를 방해하는 두 마장魔障이 있나니,

마장魔障이란 '어떠한 일에 마魔가 끼어듦' - 『원불교대사전』 을 의미합니다.
달리 풀자면 '그릇된 장애障礙'라고도 할 수 있겠습니다.
공부나 일을 하는데 장애가 없을 수는 없습니다만,
여러 장애 가운데서도 삿되고 정당하지 못한 방해 요소라고 할 수 있습니다.
소태산 대종사님은 공부인이 '큰 공부' 성취의 서원을 세웠어도 어려움이 있을 것이니
두 가지 마장을 조심하라고 미리 일러주십니다.

하나는 제 근기를 스스로 무시하고 자포자기하여 향상을 끊음이요,

'근기根機'는 일단 타고난 것이니 근기를 탓하는 것은 과거에 집착하는 것입니다.
하지만 삼세 인과의 이치에서 보자면 근기의 구분은 큰 의미가 없습니다.
과거 전생의 공부 결과가 현재의 근기로 나타난 것일 뿐입니다.
현재의 공부로 근기 역시 변화시킬 수 있기 때문입니다.
공부를 성취하는 데 자신의 근기를 참고할 뿐입니다.
근기를 탓해서 자포자기한다는 것은 본말전도입니다.
「교의품」, 「수행품」, 「변의품」 등에 나오는 '근기'에 관한 법문을 참고하기 바랍니다.

둘은 작은 지견에 스스로 만족하고 자존자대하여 향상을 끊음이니,

공부인이라면 부처님의 무상대도無上大道를 얻으려는 서원을 세워야 합니다.
그래야 '작은 지견'에 만족하는 어리석음에 빠지지 않을 수 있습니다.

큰 '향상'을 위해서는 작은 것에 '만족'하려는 마음의 틀을 깨야 합니다.

이 두 마장을 벗어나지 못하고는 큰 공부를 이루지 못하나니라.]

공부인은 '제 근기를 스스로 무시하고 자포자기'하고 싶은 마음을 이겨내야 합니다.
'작은 지견'에 '만족'하려는 마음도 극복해야 합니다.
두 극단의 마음을 넘어선 한 차원 높은 마음에 의해 큰 공부길이 열립니다.

"그대들이 공부와 사업을 진행하는 가운데 크게 위태한 때가 있음을 미리 알아야 할 것이니, 공부하는 사람에게 크게 위태한 때는 곧 모든 지혜가 열리는 때요, 사업하는 사람에게 크게 위태한 때는 곧 모든 권리가 돌아오는 때라, 어찌하여 그런가 하면 근기가 낮은 사람은 약간의 지혜가 생김으로써 큰 공부를 하는 데 성의가 없어지고 작은 지혜에 만족하기 쉬우며, 약간의 권리가 생김으로써 사욕이 동하고 교만이 나게 되어 더 전진을 보지 못하는 까닭이라, 공부와 사업하는 사람이 이런 때를 조심하지 못하고 보면 스스로 한없는 구렁에 빠지게 되나니라." - 『대종경』「수행품」38장 라는 말씀과 일맥상통하는 법문입니다.

공부인은 자포자기도 넘어서고 자만도 넘어서야 합니다.
어디에도 주착하거나 안주하지 말고 성불제중의 서원을 향해 나아가야 합니다.

나의 마음공부

- 나는 내 근기를 잘 알고 있나요?

- 나는 내 근기에 맞는 신앙과 수행으로 진급하고 있나요?

- 나는 혹시 '작은 지견에 스스로 만족하고 자존자대' 하고 있나요?

- '큰 공부'를 이루기 위해 내게 필요한 마음가짐은 무엇인가요?

12

대종사 말씀하시기를
[희망이 끊어진 사람은
육신은 살아 있으나 마음은 죽은 사람이니,
살·도·음殺盜淫을 행한 악인이라도
마음만 한 번 돌리면 불보살이 될 수도 있지마는,
희망이 끊어진 사람은
그 마음이 살아나기 전에는 어찌할 능력이 없나니라.
그러므로, 불보살들은
모든 중생에게 큰 희망을 열어 주실 원력願力을 세우시고,
세세생생 끊임없이 노력하시나니라.]

『대종경』「요훈품」12장

- **살·도·음 殺盜淫** : 살생殺生과 도둑질과 간음姦淫. 전통불교에서는 살·도·음은 몸으로 범하는 세 가지 계문이라 하여, 뜻으로 범하는 탐貪·진瞋·치癡와 입으로 범하는 망어妄語·기어綺語·양설兩舌·악구惡口와 함께 열 가지 계문을 이룬다. 살·도·음은 무거운 죄업을 불러들이는 세 가지 중계重戒로서 원불교에서는 보통급십계문 가운데 제1조, 제2조, 제3조에 들어 있다.
- **원력 願力** : 서원, 소원의 힘이라는 뜻. 소기의 목적 성취를 위한 결의. 본원력本願力·숙원력宿願力·대원업력大願業力이라고도 한다. 부처님이 보살이던 때에 세운 본원이 완성되어 그 업력을 나타내는 힘. 불교 최고의 목적을 달성하여 중생을 모두 제도하겠다고 다짐하는 것. 특히 열반인의 영가가 원력을 굳게 세우고 착심이 없이 떠나야 악도에 떨어지지 않고 천도를 받게 되므로 천도를 기원할 때 영가를 깨우치는 말로 자주 사용된다.

희망이 끊어진 사람 | 풀이 |

대종사 말씀하시기를
[희망이 끊어진 사람은
육신은 살아 있으나 마음은 죽은 사람이니,

희망希望이 끊어짐을 절망絶望이라고 합니다.
어떤 바람도 다 끊어진 상태입니다.
소태산 대종사님은 희망이 끊어진 사람을 마음이 죽은 사람이라고 말씀하십니다.

살·도·음殺盜淫을 행한 악인이라도
마음만 한 번 돌리면 불보살이 될 수도 있지마는,

대종사님께서는 마음이 살아있어야 한다고 강조하십니다.
마음이 살아있으면 중죄를 지은 악인이라도 개선 가능하다고 하십니다.
'마음만 한 번 돌리면' 불보살도 될 수 있다고 하십니다.
마음공부로 마음의 변화를 일으켜 진급할 수 있다고 설하십니다.

희망이 끊어진 사람은
그 마음이 살아나기 전에는 어찌할 능력이 없나니라.

반면에 '희망이 끊어진 사람은' 어찌할 수 없다고 말씀하십니다.
비유하자면, 사람이 일단 살아있어야 치료가 가능한 것과 같습니다.
죽은 사람을 살려낼 수는 없는 것입니다.
또한 배우기를 포기한 학생을 가르칠 수 없는 것과도 같습니다.
마음이 살아있어야 마음공부도 가능합니다.

요훈품

뒤집어보면 '마음을 살리는' 것이 가장 위대한 마음공부라고 할 수 있습니다.

그러므로, 불보살들은
모든 중생에게 큰 희망을 열어 주실 원력願力을 세우시고,
세세생생 끊임없이 노력하시나니라.]

이렇게 가장 어려운 일을 하시는 분들이 '불보살'입니다.
죽은 마음을 살려내고, 끊어진 마음을 이어주고,
절망을 희망으로 바꿔주는 사명으로 살아가는 이들이 불보살인 것입니다.
마음을 살려야 마음공부도 가능하고 그래야 중생의 진급이 가능하기 때문입니다.
잘 보이지 않아도 가장 위대한 일을 하는 분들이 불보살입니다.

나의 마음공부

• 나는 '육신은 살아 있으나 마음은 죽은 사람'의 경험을 해보았나요?

• 나는 언제 '희망이 끊어진' 경험을 해보았나요?

• 나는 '마음만 한 번 돌리면 불보살이 될 수도' 있다고 믿나요?

• 나는 내 마음을 어떻게 살리고 있나요?

대종사 말씀하시기를
[여의 보주如意寶珠가 따로 없나니,
마음에 욕심을 떼고,
하고 싶은 것과 하기 싫은 것에 자유자재하고 보면
그것이 곧 여의보주니라.]

『대종경』「요훈품」13장

- **여의보주 如意寶珠** : 싼스끄리뜨 찐따마니(cintamani)의 번역어. 뜻대로 보물을 가져다주는 구슬. 불교에서 이것을 가진 자의 모든 소원과 희망을 성취시켜준다는 상상의 구슬. 보주, 여의주, 여의보, 마니주, 마니보주라고도 한다. 흔히 용龍의 턱 아래에 있다고 한다. 용이 이 구슬을 얻으면 하늘로 올라가게 되고, 이 구슬을 잃으면 인간 세상에 떨어진다고 한다. 이 구슬을 갖고 있으면 무슨 일이든 원하는 대로 뜻을 이룰 수 있다고 한다. 여기에 비유해서 본래 성품, 진리를 깨친 마음을 여의보주라고 한다.

여의보주如意寶珠 | 풀이 |

대종사 말씀하시기를
[여의보주如意寶珠가 따로 없나니,

여의보주는 주인 마음대로, 뜻대로 다 이뤄준다는 전설 속의 구슬입니다.
'여의주'라고 부르기도 합니다.
흔히 용이 여의주를 얻어야 조화를 부린다는 말이 있습니다.
소태산 대종사님은 마음공부를 여의보주에 비유해서 가르침을 주십니다.

마음에 욕심을 떼고,

중생들은 욕심에 끌려가고,
불보살은 본심을 따라갑니다.
욕심과 사심이 이끄는 곳에는 죄고가 있습니다.
청정한 마음과 정심을 행하면 복락을 얻게 됩니다.
욕심을 떼어내야 마음의 자유를 얻을 수 있습니다.

하고 싶은 것과 하기 싫은 것에 자유자재하고 보면
그것이 곧 여의보주니라.]

공부인에게 여의보주란 말 그대로 '여의如意'할 수 있는 마음의 힘입니다.
마음의 힘을 길러야 마음공부의 목적인 '마음의 자유'를 얻을 수 있습니다.
마음의 힘은 그냥 생기는 것이 아니라
'하고 싶은 것'을 참기도 하고,
'하기 싫은 것'을 해내기도 해야 합니다.

실생활에서 이런 마음공부를 해야 마음을 '자유자재自由自在' 할 수 있습니다.
내 '마음을 마음대로 할 수 있는' - 『정전』「무시선법」 경지입니다.
이 경지에 도달해야 비로소 여의보주를 얻었다고 할 수 있습니다.

"수도인이 구하는 바는,
마음을 알아서 마음의 자유를 얻자는 것이며,
생사의 원리를 알아서 생사를 초월하자는 것이며,
죄복의 이치를 알아서 죄복을 임의로 하자는 것이니라." - 「요훈품」2장 라는 말씀이
바로 여의보주를 얻은 경지를 설명하고 있습니다.
'자유', '초월', '임의'가 '여의如意'와 일맥상통합니다.

나의 마음공부

- 나는 욕심을 얼마나 떼었나요?

- 나는 '하고 싶은 것'이 부당한 것이라면 하지 않을 수 있는 마음의 힘이 있나요?

- 나는 '하기 싫은 것'이라도 정당한 것이라면 해내는 마음의 힘이 있나요?

- 나는 내 마음을 얼마나 '자유자재'할 수 있나요?

대종사 말씀하시기를
[다른 사람을 바루고자 하거든 먼저 나를 바루고,
다른 사람을 가르치고자 하거든 먼저 내가 배우고,
다른 사람의 은혜를 받고자 하거든 먼저 내가 은혜를 베풀라.
그러하면, 나의 구하는 바를 다 이루는 동시에 자타가 고루 화함을 얻으리라.]

『대종경』「요훈품」14장

먼저 내가 | 풀이 |

대종사 말씀하시기를
[다른 사람을 바루고자 하거든 먼저 나를 바루고,

모든 법문이 그렇듯 이 법문도 '인과의 이치'에 바탕한 가르침입니다.
누군가의 삶을 바르게 변화시키는 일은 결코 쉬운 일이 아닙니다.
자신의 삶을 바르게 살고 있는 사람이라도 결코 쉬운 일이 아닙니다.
상대방 입장에서 그 가르침이나 충고 등을 받아들일지도 미지수이고,
새로운 변화로 이어질지도 알 수 없습니다.
일단, 상대방 즉 '다른 사람'의 입장에서는 자신을 '바루고자' 하는 사람의 삶이
자신의 삶보다 더 바른 삶이어야 한다는 것은 최소한의 전제입니다.
인과의 이치는 소소영령해서 같아 보이는 행위에도 다 다른 결과를 가져옵니다.
자신도 바르게 살지 못하는 사람의 충고나 가르침과
자신의 삶이 반듯한 사람의 충고나 가르침이 같은 결과를 낼 수는 없습니다.
'먼저 나를 바루고' 나서 그다음 일을 해야 합니다.

다른 사람을 가르치고자 하거든 먼저 내가 배우고,

『정전』「일상수행의 요법」을 보면
"7. 배울 줄 모르는 사람을 잘 배우는 사람으로 돌리자.
  8. 가르칠 줄 모르는 사람을 잘 가르치는 사람으로 돌리자."라고
가르침 앞에 배움을 두었습니다.
배우지 않은 사람은 다른 사람을 가르치기 어렵고,
훈련받지 않은 사람은 다른 사람을 훈련시키기 어려운 것이 인과의 이치입니다.

다른 사람의 은혜를 받고자 하거든 먼저 내가 은혜를 베풀라.

대종사님은 「인과품」 1장에서
"우주의 진리는 원래 생멸이 없이 길이길이 돌고 도는지라,
가는 것이 곧 오는 것이 되고 오는 것이 곧 가는 것이 되며,
주는 사람이 곧 받는 사람이 되고 받는 사람이 곧 주는 사람이 되나니,
이것이 만고에 변함없는 상도常道니라."라고 인과의 이치를 설하셨습니다.

소태산 대종사님의 교리 전반을 일관하는 인과의 이치는
은혜를 받고 싶은 사람들에게도 일관되게 적용됩니다.
받고 싶으면 먼저 내가 베풀라고 하십니다.
내가 짓지 않은 복을 받을 수 없다는 이치를 알려주십니다.

그러하면, 나의 구하는 바를 다 이루는 동시에 자타가 고루 화함을 얻으리라.]

사람들이 구하는 바를 얻지 못하는 이유는 무엇일까요?
인과의 이치에 벗어나서 구하기 때문입니다.
인과의 이치를 깨달아 순리대로 살아가는 사람들은
구하는 법을 알아 그대로 행하기 때문에 구하는 바를 얻을 수 있는 것입니다.
상대로부터 구하기 전에,
'먼저 나를 바루고',
'먼저 내가 배우고',
'먼저 내가 베풀' 때 인과보응의 이치가 소소영령하게 보응하기 때문입니다.

이 '이치'에 맞춰 순리로 살아가면 '자타가 고루 화함'을 얻지만,
이 '이치'를 거슬러서 역리로 살아가면 상생상화가 아니라 상극의 삶이 될 것입니다.
구하는 바를 이룰 수도 없을 것입니다.

사소한 순서의 차이가 어마어마한 결과의 차이를 가져옵니다.
마음공부를 제대로 하지 않고서는 이런 사소한 차이를 깨닫기 어렵습니다.
바라지 않은 결과를 맞닥뜨린 다음에 후회하지 말고
심신작용을 하기 전에 마음부터 잘 챙겨야 합니다.

'1. 응용하는 데 온전한 생각으로 취사하기를 주의할 것이요,
 2. 응용하기 전에 응용의 형세를 보아 미리 연마하기를 주의할 것이요,'와 같은
「상시 응용 주의 사항」 공부를 '상시'로 해야 합니다.

그래야 '먼저 내가 하는' 것의 작지만 엄청난 차이를 알아채고 실행할 수 있습니다.

나의 마음공부

• 나는 '먼저 나를 바루는' 사람인가요?

• 나는 '먼저 내가 배우는' 사람인가요?

- 나는 '먼저 내가 은혜를 베푸는' 사람인가요?

- '자타가 모두 화함을 얻'는 가운데 '구하는 바를 다 이루는' 삶을 살고 있나요?

대종사 말씀하시기를
[다른 사람을 이기는 것이 그 힘이 세다 하겠으나,
자기를 이기는 것은 그 힘이 더하다 하리니,
자기를 능히 이기는 사람은 천하 사람이라도 능히 이길 힘이 생기나니라.]

『대종경』「요훈품」15장

자기를 능히 이기는 사람 | 풀이 |

대종사 말씀하시기를
[다른 사람을 이기는 것이 그 힘이 세다 하겠으나,

'힘이 세다'라는 말의 일반적인 의미는
'다른 사람을 이기는' 상대적이고 경쟁적인 관계 속에서 부여되곤 합니다.
소태산 대종사님은 이런 힘셈 말고 다른 힘셈을 말씀하십니다.

자기를 이기는 것은 그 힘이 더하다 하리니,

이 힘은 유교의 '극기복례克己復禮', '극기克己'의 힘이라고 할 수 있습니다.
우리 교법에 의하면 '법마상전法魔相戰' – 「법위등급」에서 '법法의 승勝'을 얻는 힘입니다.
삼독 오욕을 이겨내는 힘,
요란한 마음을 요란하지 않게 하는 마음의 힘,
어리석은 마음을 지혜롭게 하는 마음의 힘,
불의한 마음을 정의롭게 하는 마음의 힘,
원망생활을 감사생활로 돌리는 마음의 힘,
'파란고해의 일체 중생을 광대무량한 낙원으로 인도'하는 힘을 의미할 것입니다.

자기를 능히 이기는 사람은 천하 사람이라도 능히 이길 힘이 생기나니라.]

'법마상전급'이 자기를 이기기 위해 고군분투하는 단계라면
'법강항마위'는 '자기를 능히 이기는 사람'의 단계입니다.
선병자의先病者醫라는 말과 같이 내가 병을 이겨냈기에
다른 사람을 치유할 능력을 갖게 되는 것입니다.

내가 파란고해波瀾苦海에서 살아남았으니 다른 사람도 구제할 수 있는 것과 같습니다.
자기를 절망에서 구할 수 있는 사람은 다른 사람도 절망에서 구할 수 있습니다.
자기의 상처를 치유할 수 있는 사람은 다른 사람의 상처도 치유할 수 있습니다.
자기의 마음을 다스릴 수 있는 사람은 다른 사람의 마음도 다스릴 수 있습니다.

가장 힘든 싸움은 다른 사람과의 싸움이 아니라 자기와의 싸움입니다.
다른 사람과의 싸움은 모두를 피 흘리게 하지만
자기와의 싸움은 자기완성과 평화로 나아가게 합니다.
이 세상에 존재하는 은혜로운 싸움은 오직 하나, 자기 자신과의 싸움입니다.
자기와의 싸움이라는 성스러운 싸움에서 반드시 승리해야겠습니다.

나의 마음공부

- 나는 왜 '다른 사람을 이기'려고 하나요?

- 다른 사람과의 경쟁에서 이겨서 얻는 승리감의 본질은 무엇일까요?

- 나는 왜 '자기를' 이기기 위한 노력을 해야 할까요?

- 내가 '자기를' 이긴 역정을 돌아보고, 그 힘의 공덕을 생각해봅니다.

16

대종사 말씀하시기를
[세상에 두 가지 어리석은 사람이 있나니,
하나는 제 마음도 마음대로 쓰지 못하면서
남의 마음을 제 마음대로 쓰려는 사람이요,
둘은 제 일 하나도 제대로 처리하지 못하면서
남의 일까지 간섭하다가 시비 가운데 들어서 고통받는 사람이니라.]

『대종경』「요훈품」 16장

두 가지 어리석은 사람 | 풀이 |

대종사 말씀하시기를
[세상에 두 가지 어리석은 사람이 있나니,

소태산 대종사님께서는 「요훈품」3장에서
"한 마음이 선하면 모든 선이 이에 따라 일어나고,
한 마음이 악하면 모든 악이 이에 따라 일어나나니,
그러므로 마음은 모든 선악의 근본이 되나니라."라고 법문하셨습니다.

'세상에 두 가지 어리석은 사람'만 있을 리가 있겠습니까.
「요훈품」3장에 대입해서 본다면,
'한 마음이 어리석으면 모든 어리석음이 이에 따라 일어나'겠지요.
대종사님께서 두드러지게 말씀하고 싶은 내용이 두 가지였다고 봐도 되겠습니다.

하나는 제 마음도 마음대로 쓰지 못하면서
남의 마음을 제 마음대로 쓰려는 사람이요,

대종사님은 '수도인이 구하는 바는, 마음을 알아서 마음의 자유를 얻자는 것'이라고
말씀하시고 교전 곳곳에서 '마음의 자유'를 수행의 열쇠말로 삼으셨습니다.
마음의 자유를 소박하게 해석하면 몰라도 그 궁극의 경지까지 도달하려면
대각여래위의 경지까지 쉼 없이 정진해야 합니다.
대종사님 같은 부처님의 경지에서 볼 때 공부가 덜된 사람들이
'남의 마음을 제 마음대로 쓰려는' 것은 위험하고, 서로에게 해를 입히는 일입니다.
마치 무면허 의사가 환자를 고치려는 것과도 같습니다.
최소 '법강항마위' 이상이 되어야 '교화'를 해도 서로에게 해를 입히지 않을 것입니다.

둘은 제 일 하나도 제대로 처리하지 못하면서
남의 일까지 간섭하다가 시비 가운데 들어서 고통받는 사람이니라.]

앞의 내용이 '공부'에 관한 내용이라면,
이 내용은 '사업', '일'에 관한 법문입니다.
대종사님의 교법은 병행竝行과 겸전兼全의 가르침에 철저합니다.
'이사병행'의 관점에선 수도인이라고 해서 좁은 의미의 공부만 할 수 없습니다.
사업, 일도 잘해서 이무애理無礙 사무애事無礙의 경지까지 도달해야 합니다.
「법위등급」대각여래위 조항에 '대자대비로 일체 생령을 제도하되 만능萬能이 겸비하며'
라는 대목을 보더라도 엄청난 일의 능력을 갖춰야 함을 알 수 있습니다.
만약에 이론적 공부만 잘하고 일과 사업에는 무능한 사람이 있다면 이런 인물은
원불교적 관점에서 보자면 공부와 제도 사업 모두 잘 못하는 사람입니다.
원만한 인격이란 신앙과 수행, 공부와 사업을 원만하게 병행해서
이사병행의 공덕을 나툴 수 있는 인격을 의미합니다.
'제 일 하나도 제대로 처리하지 못하면' 자신의 역량부터 키워야 합니다.
'남의 일까지 간섭하다가'는 그 일까지 망치기 쉽고
자신도 '시비 가운데 들어서 고통받는 사람'이 되고 말 것입니다.

공부 실력이 부족한데 '남의 마음을 제 마음대로 쓰려'고 하거나,
사업 역량이 부실한데 '남의 일까지 간섭'하는 것이 모두
'무관사無關事에 동動' - 「법위등급」'법마상전급' 하는 일일 뿐입니다.
의도와 달리 죄고에 빠질 수 있는 어리석은 일입니다.
공부인이라면 생활 속에서 묵묵히 공부와 사업에 정진해서 역량을 갖추어야 합니다.
실력을 갖추면 세상에 보은할 일은 무궁무진합니다.

나의 마음공부

- 나는 내 마음을 어느 정도나 '마음대로' 쓸 수 있나요?

- 나는 주로 누구의 마음을 '제 마음대로 쓰려'고 하나요?

- 나는 내 일을 어느 정도나 '제대로 처리'하고 있나요?

- 나는 주로 어떤 '남의 일'에 어떻게 '간섭'하나요?

- 법문과 같은 어리석은 행동을 해보았나요?

17

대종사 말씀하시기를
[모든 것을 구하는 데에 도가 있건마는
범부는 도가 없이 구하므로 구하면 구할수록 멀어지고,
불보살은 도로써 구하므로 아쉽게 구하지 아니하여도
자연히 돌아오는 이치가 있나니라.]

『대종경』「요훈품」 17장

모든 것을 구하는 데에 도가 있건마는 | 풀이 |

대종사 말씀하시기를
[모든 것을 구하는 데에 도가 있건마는

소태산 대종사님께서는 「인도품」1장에서
'무릇, 도(道)라 하는 것은 쉽게 말하자면 곧 길을 이름' 한다고 설하셨습니다.
바른길을 따라가면 목적지에 닿을 수 있습니다.
마음공부에도 길이 있으니 '공부의 요도' – '삼학 팔조'이고,
인생에도 마땅히 행할 길이 있으니 '인생의 요도' – '사은 사요'입니다.
공부길을 잘 가면 마음의 자유를 얻을 것이고,
인생길을 잘 가면 복락을 얻을 것입니다.
이 두 길이 사실은 하나이니 '공부길'를 찾으면 '인생길'도 보입니다.
'도'를 찾아야 구하는 것을 얻을 수 있습니다.

범부는 도가 없이 구하므로 구하면 구할수록 멀어지고,
불보살은 도로써 구하므로 아쉽게 구하지 아니하여도

'도가 없이 구하'는 것은 마치 길을 벗어나서 목적지를 가려는 것과 같습니다.
길을 잘못 들었는데 어떻게 목적지에 도달할 수 있겠어요.
잘못된 길을 가면 갈수록 목적지로부터 멀어질 수밖에 없습니다.
냉엄한 인과의 이치입니다.
한편 불보살은 길, 도를 정확히 알고 있어서 '아쉽게 구하지 아니하여도' 됩니다.
바른길에 들었으니 편안한 마음으로 길을 갈 뿐입니다.
'사사물물을 접응할 때마다 각각 당연한 길이 있나니, 어느 곳을 막론하고 오직 이 당연한 길을 아는 사람은 곧 도를 아는 사람이요, 당연한 길을 모르는 사람은 곧 도를 모르

는 사람' – 「인도품」1장 이라고 하셨으니 범부와 불보살의 차이가 여기에서 비롯됩니다.

자연히 돌아오는 이치가 있나니라.]

이어서 '그 중에 제일 큰 도로 말하면 곧 우리의 본래 성품인 생멸 없는 도와 인과보응 되는 도이니, 이는 만법을 통일하며 하늘과 땅과 사람이 모두 여기에 근본하였으므로 이 도를 아는 사람은 가장 큰 도를 알았다 하나니라.'라고 밝혀주셨으니,
법문의 '자연히 돌아오는 이치'가 바로 「인도품」1장의 '가장 큰 도' 입니다.
인과의 이치가 무위이화로 다 보응해 주는 것입니다.
우리는 바른길을 찾아 정성스럽게 행할 뿐입니다.

나의 마음공부

- 나는 '아쉽게 구하지 아니하여도 자연히 돌아오는' 삶을 살고 있나요?

- 나는 '도'를 잘 알고 있나요?

- 나는 공부길을 잘 알고 있나요?

- 나는 인생길을 잘 알고 있나요?

- 나는 알고 있는 바른 '도'(길)를 얼마나 잘 행하고 있나요?

대종사 말씀하시기를
[그 일을 먼저 하고 먹기를 뒤에 하는 사람은 군자요,
그 일을 뒤에 하고 먹기를 먼저 하는 사람은 소인이니라.]

『대종경』「요훈품」18장

- **군자君子** : 학식과 덕행德行이 높은 사람. 높은 관직에 있는 사람. 지덕知德을 수양하는 사람. 소인小人의 반대개념으로 유교사회의 이상적 인간상이다. 중국 주周나라 때의 신분계층인 왕후王侯·경卿·대부大夫 등에 붙였던 미칭美稱이다. 그 후 유교사회에서는 유교적 덕성과 교양을 겸비한 인격자를 지칭했고, 학덕이 훌륭한 사람이 높은 벼슬을 맡아 정치를 했기 때문에 지위가 높고 백성을 사랑하는 사람을 군자라 했다. 높은 위치에 있다 하여도 지덕을 겸비하지 못하고 애민愛民하지 못하면 군자가 아니다. 비록 곤궁함에 처해있다 할지라도 영달榮達을 희구하지 않는 것이 또한 군자의 모습이다. 『논어論語』에 군자는 세 가지 두려워하는 것이 있다고 했다. 천명天命을 두려워하고, 대인大人을 두려워하고, 성인聖人의 말을 두려워한다. 또 군자가 갖는 덕성으로 삼달덕三達德, 곧 지知·인仁·용勇을 말했고 이는 인으로 집약된다고 했다. 아울러 천명에 순응하고 의義를 행하며, 널리 학문을 배우고(博文) 그것을 예로 단속해간다(約禮). 이런 사람이라야 군자이다.

군자 | 풀이 |

대종사 말씀하시기를
[그 일을 먼저 하고 먹기를 뒤에 하는 사람은 군자요,

군자君子는 유교의 이상적 인간상입니다.
원불교적으로 보자면 원만한 인격을 갖춘 공부인이요, 공인이요, 지도인인 셈입니다.
소인小人은 군자의 상대 개념이라고 볼 수 있습니다.
불교적으로 부처와 보살 그리고 범부와 중생이 상대적 의미를 가진 것과 비슷합니다.
소태산 대종사님은 유교적 개념인 '군자'와 '소인'을 원용해서 법문을 하십니다.
종교간의 경계를 넘나든 대종사님으로선 자연스러운 일이고
유교적 전통이 뿌리 깊었던 시대에 필요한 방편일 수 있습니다.

법문에서 '일'은 '공公'을 의미하고 '먹기'는 '사私'를 의미한다고 볼 수 있습니다.
군자라면 '선공후사先公後私'를 해야 한다는 뜻입니다.
'공公'을 앞세우는 군자나 불보살, 공인이라고 해서 사적 욕구가 없지 않습니다.
단지 사적 욕구나 이익보다 공적인 가치를 우선할 뿐입니다.
군자라면 사적 욕구, 사심을 제어할 마음의 힘과 실행의 힘을 가져야 합니다.

그 일을 뒤에 하고 먹기를 먼저 하는 사람은 소인이니라.]

한편 소인은 군자와 달리 '공公'보다 '사私'를 앞세우는 사람입니다.
소인에게 공사公事를 맡기면 일 처리가 사사私邪롭게 되어 일을 그르치고 악업을 짓기 쉽습니다.

참고로 대종사님께서는 『정전』 「일원상의 수행」에서 "일원상의 진리를 신앙하는 동시

에 수행의 표본을 삼아서 일원상과 같이 원만구족圓滿具足하고 지공무사至公無私한 각자의 마음을 알자는 것이며, 또는 일원상과 같이 원만구족하고 지공무사한 각자의 마음을 양성하자는 것이며, 또는 일원상과 같이 원만구족하고 지공무사한 각자의 마음을 사용하자는 것이 곧 일원상의 수행이니라."라고 하셨을 뿐만 아니라 여러 법문에서 '지공무사至公無私'를 수행의 궁극적 경지를 표현하는 말로 자주 사용했습니다.

또한 "공사公私의 표준은 빙공영사憑公營私인가, 선공후사先公後私인가를 대조하여 지공무사至公無私의 생활이 되도록 하는 데 있느니라."-『대산종사법어 제2』「교리편」53장 라는 법문도 공과 사에 대한 좋은 표준이 됩니다.

공을 앞세우는 군자의 삶은 인과의 이치에 따라 합당한 보응을 받게 될 것입니다.

나의 마음공부

• 나는 '일'을 먼저 하는 사람인가요, '먹기'를 먼저 하는 사람인가요?

• 나는 빙공영사憑公營私, 선공후사先公後私, 지공무사至公無私 중 주로 어디에 속하나요?

• '사私'보다 '공公'을 앞세워야 하는 이유는 무엇일까요?

• '공'을 앞세우는 군자는 어떤 보상을 받을까요?

대종사 말씀하시기를
[어리석은 사람은 복을 받기는 좋아하나 복을 짓기는 싫어하고,
화禍를 받기는 싫어하나 죄를 짓기는 좋아하나니,
이것이 다 화복의 근원을 알지 못함이요,
설사 안다 할지라도 실행이 없는 연고니라.]

『대종경』「요훈품」19장

화복의 근원 | 풀이 |

대종사 말씀하시기를
[어리석은 사람은 복을 받기는 좋아하나 복을 짓기는 싫어하고,
화禍를 받기는 싫어하나 죄를 짓기는 좋아하나니,

사람들은 대개 복 받기를 원하고 좋아합니다.
그런데 복은 어디서 오는 걸까요?
자신이 지어야 받을 수 있다는 이치가 바로 '인과보응의 이치' 입니다.
복 받기를 원한다면 복을 즐겁게 짓는 것이 인과의 이치에 맞는 삶입니다.
이와 달리 앞뒤가 다른 삶의 태도를 보이는 사람들이 '어리석은 사람' 인 것입니다.
이들은 원인과 결과, 원하는 바와 얻는 바가 다른 삶을 사는 셈입니다.

복福의 반대인 화禍도 마찬가지입니다.
인과의 이치에 의하면 죄罪를 짓지 않으면 그로 인해 받을 화禍도 없습니다.
죄는 지으면서 화를 피하려는 것은 어리석음에 어리석음을 더하는 일입니다.

이것이 다 화복의 근원을 알지 못함이요,
설사 안다 할지라도 실행이 없는 연고니라.]

소태산 대종사님은 「인과품」17장에서 말씀하셨습니다.
"어리석은 사람은 남이 복 받는 것을 보면 욕심을 내고 부러워하나, 제가 복 지을 때를 당하여서는 짓기를 게을리하고 잠을 자나니, 이는 짓지 아니한 농사에 수확하기를 바라는 것과 같나니라. 농부가 봄에 씨뿌리지 아니하면 가을에 거둘 것이 없나니 이것이 인과의 원칙이라, 어찌 농사에만 한한 일이리요."

천지자연은 늘 공평무사합니다.
부지런히 땀 흘려 농사를 지은 농부에게는 풍성한 수확으로 보응하고
게으름 피운 농부에게는 또 그에 응당한 결과로 보응할 뿐입니다.

'우주 만유 전체가 죄복을 직접 내려주는 사실적 권능이 있는 것' - 「교의품」8장 을 깨달아
알아야 합니다. 이 진리를 믿고 깨달아 그대로 살아가는 것이 신앙입니다.
소태산 대종사님께서 신앙의 교법을 '인과보응의 신앙문'이라고 표현하신 이유입니다.

요컨대, '우주 만유 전체'가 '화복의 근원'인 것이고,
내 심신작용心身作用 하나하나가 화복을 불러옵니다.
우리들의 '실행'에 따라 '인과의 이치'에 따른 '보응'이 달라질 뿐입니다.

나의 마음공부

- 나는 복福을 짓기 위해서 어떤 노력을 하고 있나요?

- 나는 화禍를 피하기 위해서 어떤 노력을 하고 있나요?

- 나는 '화복의 근원'을 잘 알고 있나요?

- 나는 인과의 이치에 부합하는 생활을 하고 있나요?

대종사 말씀하시기를
[정신·육신·물질로 혜시를 많이 하는 사람이 장차 복을 많이 받을 사람이요,
어떠한 경계를 당하든지 분수에 편안한 사람이 제일 편안한 사람이며,
어떠한 처지에 있든지 거기에 만족을 얻는 사람이 제일 부귀한 사람이니라.]

『대종경』「요훈품」 20장

- **혜시 惠施** : 은혜를 베풂. 정신 육신 물질 3방면으로 은혜를 베푸는 일. 다른 사람에게 아무런 조건 없이 베푸는 것.
- **분수 分數** : 사물을 분별하는 지혜. 자기 신분에 맞는 한도. 사람으로서 일정하게 이룰 수 있는 한계.

복을 많이 받을 사람 | 풀이 |

대종사 말씀하시기를
[정신·육신·물질로 혜시를 많이 하는 사람이 장차 복을 많이 받을 사람이요,

소태산 대종사님께서 복 받는 법을 아주 쉽게 알려주십니다.
마음이나 몸으로 또는 물질로 많이 베풀라는 가르침입니다.

대종사님은 인과보응의 이치를 매우 압축적으로 설해주셨습니다.
"우주의 진리는 원래 생멸이 없이 길이 길이 돌고 도는지라, 가는 것이 곧 오는 것이
되고 오는 것이 곧 가는 것이 되며, 주는 사람이 곧 받는 사람이 되고 받는 사람이
곧 주는 사람이 되나니, 이것이 만고에 변함없는 상도常道니라." - 「인과품」1장

이 법문에 의하면 '정신·육신·물질로 혜시惠施를 많이 하는 사람'은
반드시 '정신·육신·물질로 혜수惠受를 많이 받는 사람'이 될 것입니다.

흔히 재물이 없으면 은혜를 베풀지 못한다고 여기는 사람들이 많습니다.
인과의 이치에 대한 깨달음이 부족해서 그런 생각을 하는 것입니다.
'정신' 즉 '마음'으로도 복을 지을 수 있고,
'육신' 즉 '몸'으로도 얼마든지 은혜를 베풀 수 있는 것입니다.
예컨대, 비록 병상에 누워서도 마음속 기도로 혜시를 할 수 있는 것입니다.
지금 하고 있는 심신작용을 보면 '장차' 그가 받을 것도 알 수 있습니다.

어떠한 경계를 당하든지 분수에 편안한 사람이 제일 편안한 사람이며,

'사사물물을 접응할 때마다 각각 당연한 길이 있나니'라는 「인도품」1장의 법문과

일맥상통하는 법문입니다.
언뜻 보면 쉬워 보이지만 결코 쉽게 도달하기 어려운 경지입니다.
천만 경계에 응할 때마다 온전한 생각으로 취사할 수 있어야 합니다.
상당한 마음공부 실력을 갖춰야 가능한 경지입니다.
정기훈련과 상시훈련으로 늘 공을 들여야 가능합니다.

'심지는 원래 요란함이 없건마는 경계를 따라 있어지나니,
그 요란함을 없게 하는 것으로서 자성의 정을 세우자.' - 『정전』「일상수행의 요법」1조
'경계를 대할 때마다 공부할 때가 돌아온 것을 염두에 잊지 말고' - 『정전』「무시선법」 등의
법문도 같은 맥락의 법문입니다.

어떠한 처지에 있든지 거기에 만족을 얻는 사람이 제일 부귀한 사람이니라.]

'어떠한 처지'는 '어떠한 경계'와 같은 말입니다.
'천만 경계'라고 해도 되고 '환경'이라고 해도 될 것입니다.
언제 어디서든지 '만족을 얻는 사람'이 되려면
언제 어디서나 '은혜'를 발견하고 보은하는 사람이어야 하고,
언제 어디서나 '마음공부'로 마음을 잘 다스리는 사람이어야 합니다.
결국, 무시선無時禪 무처선無處禪 처처불상處處佛像 사사불공事事佛供을
잘하는 사람이 되어야 '제일 부귀한 사람'이 될 것입니다.
대종사님의 말씀은 쉽지만 그 경지에 닿기는 쉽지 않습니다.

나의 마음공부

• 나는 '정신·육신·물질로 혜시를 많이 하는 사람'인가요?

• 나는 '어떠한 경계를 당하든지 분수에 편안한 사람'인가요?

• 나는 '어떠한 처지에 있든지 거기에 만족을 얻는 사람'인가요?

• 나는 어떤 사람이 되길 서원하고 있나요?

대종사 말씀하시기를
[중생은 영리하게 제 일만 하는 것 같으나
결국 자신이 해를 보고,
불보살은 어리석게 남의 일만 해주는 것 같으나
결국 자기의 이익이 되나니라.]

『대종경』「요훈품」21장

어리석게 남의 일만 해주는 것 같으나 |풀이|

대종사 말씀하시기를
[중생은 영리하게 제 일만 하는 것 같으나
결국 자신이 해를 보고,

중생은 이른바 '이기주의利己主義'적으로 산다는 뜻이겠지요.
자신의 이익을 위해 열심히 노력하지만
그 결과가 자신에게 해로울 수 있다는 말씀입니다.
원하는 바와 얻는 바가 다르니
그 과정에 중생의 어리석음이 작용한 탓일 겁니다.
중생이 하는 행위와 바라는 결과가 상응하지 못하는 것입니다.
잘 살아보겠다고 아등바등하지만 그 결과는 좋지 않은,
생활 속에서 자주 볼 수 있는 삶의 모습입니다.

불보살은 어리석게 남의 일만 해주는 것 같으나
결국 자기의 이익이 되나니라.]

불보살은 소위 '이타주의利他主義'적 삶을 삽니다.
부의 축적을 위해 물불을 가리지 않는 세태에도
베풂과 무소유를 지향하고,
강자가 되기 위해 약자를 부당하게 억압하는 세태에도
자비로운 마음으로 약자를 돕는 이들이 불보살입니다.
진리적으로 옳은 일, 해야 할 일이라면 당장 손해를 봐도
꾸준히 그 일들을 해냅니다.
'원근친소와 자타의 국한을 벗어나서 일체 생령을 위하여

천신만고와 함지사지를 당하여도 여한이 없는 사람'-『정전』「법위등급」으로
'대자대비로 일체 생령을 제도'하기-『정전』「법위등급」 위해 살아가는 분들입니다.
불보살들은 '이 원상圓相의 진리를 각覺'해서
'시방 삼계가 다 오가吾家의 소유인 줄을 알'았기-『정전』「일원상 법어」 때문입니다.
온 세상을 내 집 삼고, 온 생령을 내 몸으로 삼으니
이익과 손해를 따질 것도 없는 경지입니다.
굳이 분별하자면
'가는 것이 곧 오는 것이 되고 오는 것이 곧 가는 것이 되며,
주는 사람이 곧 받는 사람이 되고 받는 사람이 곧 주는 사람이 되'는 -「인과품」1장,
'인과의 이치'에 의해서 받을 것은 반드시 받게 됩니다.
선의로 좋은 것, 은혜만을 베풀었으니 그것을 그대로 돌려받는 것입니다.
중생들이 추구하는 이익은 나중에 해로움이 되고
불보살들이 무릅쓰는 해로움은 나중에 이익이 됩니다.
인과의 이치를 깊이 깨달아 행동하기 때문입니다.

중생들은 일단 고통을 피하고 즐거움을 택하지만
불보살들은 '고락'에서도 '정당한 고락'을 택합니다.

"대범, 사람이 세상에 나면 싫어하는 것과 좋아하는 것 두 가지가 있으니, 하나는 괴로운 고요 둘은 즐거운 낙이라, 고에도 우연한 고가 있고 사람이 지어서 받는 고가 있으며, 낙에도 우연한 낙이 있고 사람이 지어서 받는 낙이 있는 바, 고는 사람 사람이 다 싫어하고 낙은 사람 사람이 다 좋아하나니라. 그러나, 고락의 원인을 생각하여 보는 사람은 적은지라, 이 고가 영원한 고가 될는지 고가 변하여 낙이 될는지 낙이라도 영원한 낙이 될는지 낙이 변하여 고가 될는지 생각 없이 살지마는 우리는 정당한 고락과 부정당한 고락을 자상히 알아서 정당한 고락으로 무궁한 세월을 한결같이 지내며, 부정당한 고락은 영원히 오지 아니하도록 행·주·좌·와·어·묵·동·정간에 응용하는 데 온전한 생각으로 취사하기를 주의할 것이니라."-『정전』「고락에 대한 법문」

지금은 고통스럽지만 마땅히 해야 할 옳은 일이 있습니다.
불보살들은 이를 행합니다.
그 결과를 알기 때문입니다.
불보살은 '시비이해是非利害'를 분별하는 기준이 중생과 다릅니다.
'대소유무大小有無' 이치에 대한 깨달음에 바탕해서 시비이해를 판단하기 때문입니다.

사람들은 대부분 이른바 '꽃길'만 걸으려고 하지만,
가다 보면 '가시밭길'을 걷게 되는 경우가 많습니다.
반대로 '가시밭길'을 묵묵히 걸어가 풍요로운 목적지에 닿는 사람도 있습니다.
누구나 자신이 가는 길의 과정과 끝이 좋기를 바랍니다.
하지만 그 바람을 이루려면 그 길을 잘 분별해내는 지혜가 필요합니다.

'공부길'을 잘 잡아서 마음공부를 잘해야 바른 '인생길'을 찾을 수 있습니다.
불보살들은 그 길의 끝을 이미 알면서 그 길을 가는 사람들입니다.
그 길이 잘 보이지 않으면 불보살의 뒤를 따라가는 것도 큰 지혜로움입니다.

나의 마음공부

- 나는 영원한 나의 '이익'을 알고 있나요?

- 나는 무엇을 '제 일'(내 일)로 삼고 살아가나요?

• 내가 하고 싶은 '남의 일'은 무엇인가요?

• 나는 영원히 '해害'를 보지 않을 수 있는 인생길을 가고 있나요?

대종사 말씀하시기를
[지혜 있는 사람은
지위의 고하를 가리지 않고 거짓 없이 그 일에만 충실하므로,
시일이 갈수록 그 일과 공덕이 찬란하게 드러나고,
어리석은 사람은
그 일에는 충실하지 아니하면서 이름과 공만을 구하므로,
결국 이름과 공이 헛되이 없어지고 마나니라.]

『대종경』「요훈품」 22장

거짓 없이 그 일에만 충실하므로 | 풀이 |

대종사 말씀하시기를
[지혜 있는 사람은 지위의 고하를 가리지 않고 거짓 없이 그 일에만 충실하므로,

지혜 있는 사람은 시비이해是非利害를 명확히 분별합니다.
대소유무大小有無의 이치에 바탕해서 분별하기 때문에 누구보다 분별이 정확합니다.
옳음과 그름을 헷갈리고, 맞고 틀림을 분간하지 못하는 사람은 어리석습니다.
지혜로운 사람은 자신이 하는 일이 복을 짓는 일인지 아닌지를 압니다.
이익이 될지 해가 될지를 명확히 압니다.
그래서 '그 길에만 충실'할 수 있는 것입니다.
일의 결과를 가져오는 데 자신의 '지위의 고하'는 별 상관이 없습니다.
'지위'는 그저 현재 자신의 처지일 뿐입니다.
해야 할 그일 그일에 최선을 다해서 '온전한 생각으로 취사'할 뿐입니다.
무시선無時禪 무처선無處禪, 처처불상處處佛像 사사불공事事佛供을 하니
'거짓'이 끼어들 틈이 없습니다.
'일심', '온전한 마음'으로 공부와 일이 합일된 경지에서 일에 몰입합니다.
'지혜 있는 사람'은
'육근이 무사하면 잡념을 제거하고 일심을 양성하며, 육근이 유사하면 불의를
제거하고 정의를 양성'-『정전』「무시선법」 하느라 여념이 없습니다.

시일이 갈수록 그 일과 공덕이 찬란하게 드러나고,

'지혜 있는 사람'은 '생멸 없는 도와 인과보응되는 이치'를 요달했기에
'거짓 없이 그 일에만 충실'할 뿐 결과는 진리에 맡기고 안심할 수 있습니다.
애당초 '그 일과 공덕이 찬란하게 드러나'는 것은 그들의 마음에 없었습니다.

일하는 목적에서 처음부터 빠져있는 것입니다.
그래서 오히려 '그 일'이 성공하고 그 '공덕'도 '찬란하게 드러'나는 것입니다.

어리석은 사람은 그 일에는 충실하지 아니하면서 이름과 공만을 구하므로,
결국 이름과 공이 헛되이 없어지고 마나니라.]

반대로 어리석은 사람은 '이름'과 '공'을 '일'보다 앞세웁니다.
선후본말先後本末이 바뀐 것입니다.
대소유무 시비이해를 모르는 까닭입니다.
소소영령昭昭靈靈한 인과의 진리는 이런 사람들의 바람을 들어주지 않습니다.
구하려던 '이름과 공'을 '헛되이 없어지'게 합니다.

나의 마음공부

- 나는 내 '지위'에 맞지 않는 일이라도 '그 일에 충실'할 수 있나요?

- 힘든 일을 했는데 내 '이름과 공'이 드러나지 않을 때 마음이 어떤가요?

- 나는 내 '이름과 공'이 드러나지 않아도 해야 할 일이라면 꾸준히 해낼 수 있나요?

- 일을 하고도 내 '이름과 공'이 드러나지 않았을 때 마음공부를 어떻게 해야 할까요?

대종사 말씀하시기를
[제가 스스로 높은 체하는 사람은 반드시 낮아지고,
항상 남을 이기기로만 주장하는 사람은 반드시 지게 되나니라.]

『대종경』「요훈품」 23장

스스로 높은 체하는 사람 | 풀이 |

대종사 말씀하시기를
[제가 스스로 높은 체하는 사람은 반드시 낮아지고,

정말로 '높은 사람'과
'스스로 높은 체하는 사람'은 같지 않습니다.
사실로 '높은 사람'은 괜히 낮아지지 않습니다.
'높은 체하는 사람'은 사실은 낮은 사람입니다.

예컨대, 지혜가 높아지고 싶다면 그에 걸맞게 공부에 공을 들여야 합니다.
공부 없이 지혜가 높아지지는 않습니다.
지혜가 낮은 사람에게 필요한 것은 오직 지혜로워지는 공부뿐입니다.
괜히 '높은 체'하면 공부길이 막혀버리니 지혜가 높아질 일도 없습니다.

'반드시 낮아지'게 만드는 것은 무엇일까요?
호리도 틀림없이 작용하는 인과보응의 이치입니다.
'높은 체'하는 원인 행위에 맞는 보응이 따를 뿐입니다.

항상 남을 이기기로만 주장하는 사람은 반드시 지게 되나니라.]

"용맹 있는 사람이 강적 만나기 쉽고, 재주 있는 사람이 일 그르치기 쉽나니라."
라는 「요훈품」8장 말씀이나,
"강자는 약자에게 강을 베풀 때에 자리 이타 법을 써서 약자를 강자로 진화시키는 것이 영원한 강자가 되는 길이요, 약자는 강자를 선도자로 삼고 어떠한 천신 만고가 있다 하여도 약자의 자리에서 강자의 자리에 이르기까지 진보하여 가는 것이 다시 없는 강자가 되는 길이니라. 강자가 강자 노릇을 할 때에 어찌하면 이 강이 영원한 강이 되고 어찌하면 이 강이 변하여 약이 되는 것인지 생각 없이 다만 자리 타해에만 그치고 보면 아무리 강자라도 약자가 되고 마는 것이요"라는 『정전』「최초법어」'강자 약자의 진화상 요법' 말씀과 일맥상통하는 법문입니다.

강자도 약자가 될 수 있고, 약자도 강자가 될 수 있습니다.
인과의 이치라는 변화의 이치 때문입니다.
'항상 남을 이기기로만 주장하는 사람'의 마음과 태도는
그를 둘러싼 환경으로부터 그에 걸맞는 반응과 과보를 불러옵니다.
'반드시 지게' 되는 것은 소소영령한 진리가 무위이화로 역할하기 때문입니다.

나의 마음공부

- 나는 혹시 자신도 모르게 '스스로 높은 체' 하고 있지 않나요?

- 나는 어떤 면에서 '높은' 사람이 되고 싶나요?

- 나는 혹시 '남을 이기기로만 주장하는 사람'인가요?

- 왜 '남을 이기기로만 주장'하는 데 '반드시 지게' 될까요?

- '남을 이기기로만 주장'하지 않고 어떤 태도로 살아가야 할까요?

대종사 말씀하시기를
[선은 들추어낼수록 그 공덕이 작아지고
악은 숨겨둘수록 그 뿌리가 깊어지나니,
그러므로 선은 숨겨두는 것이 그 공덕이 커지고
악은 들추어내는 것이 그 뿌리가 얕아지나니라.]

『대종경』「요훈품」24장

선은 들추어낼수록 | 풀이 |

대종사 말씀하시기를
[선은 들추어낼수록 그 공덕이 작아지고
악은 숨겨둘수록 그 뿌리가 깊어지나니,

여기서 '선善'은 타인의 선이 아니라 '자신의 선'이고,
여기서 '악惡'도 타인의 악이 아니라 '자신의 악'입니다.
나 자신의 마음가짐, 마음공부, 삶의 태도에 대한 말씀입니다.

나의 '선'함을 '들추어내'려는 마음을 깊이 성찰해야 합니다.
이미 정해진 '공덕'이 왜 '작아지'는 지도 깊이 연구해야 합니다.
'악'을 '숨겨'두려는 마음도 깊이 성찰해야 합니다.
이미 행한 '악'의 뿌리가 왜 더욱 깊어지는 지도 깊이 연구해야 합니다.

그러므로 선은 숨겨두는 것이 그 공덕이 커지고
악은 들추어내는 것이 그 뿌리가 얕아지나니라.]

깊은 성찰과 사리연구로 내 심신작용의 결과와 그 변화를 읽어내야 합니다.
내 '선'은 '숨겨두는 것이 그 공덕이 커지'는 것을 깨달아야 합니다.
내 '악'도 '들추어내는 것이 그 뿌리가 얕아지'는 것을 깨달아야 합니다.

자신의 '선'을 드러내고 싶은 마음이 '상相'이 되고 화근이 될 수 있습니다.
인과의 이치에 따라 마음이 문제고, 마음이 답인 셈입니다.
"이공주李共珠 사뢰기를 [제가 저번에 이웃집 가난한 사람에게 약간의 보시를 하였삽더니
그가 그 후로는 저의 집 일에 몸을 아끼지 아니하오니 복은 지을 것이옵고 지으면 받는

것이 그와 같이 역력함을 알았나이다.] 대종사 말씀하시기를 [그대가 복을 지으면 받아지는 이치는 알았으나 잘못하면 그 복이 죄로 화하는 이치도 아는가.] 공주 사뢰기를 [복이 어찌 죄로 화하겠나이까.] 대종사 말씀하시기를 [지어 놓은 그 복이 죄가 되는 것이 아니라 복을 지은 그 마음이 죄를 짓는 마음으로 변하기도 한다 함이니, 범상한 사람들은 남에게 약간의 은혜를 베풀어 놓고는 그 관념과 상을 놓지 못하므로 저 은혜 입은 사람이 혹 그 은혜를 몰라 주거나 배은 망덕背恩忘德을 할 때에는 그 미워하고 원망하는 마음이 몇 배나 더하여 지극히 사랑하는 데에서 도리어 지극한 미움을 일어내고, 작은 은혜로 도리어 큰 원수를 맺으므로, 선을 닦는다는 것이 그 선을 믿을 수 없고 복을 짓는다는 것이 죄를 만드는 수가 허다하나니, 그러므로 달마達磨께서는 "응용 무념應用無念을 덕이라 한다" 하셨고, 노자老子께서는 "상덕上德은 덕이라는 상이 없다" 하셨으니, 공부하는 사람이 이 도리를 알고 이 마음을 응용하여야 은혜가 영원한 은혜가 되고 복이 영원한 복이 되어 천지로 더불어 그 덕을 합하게 될 것이니, 그대는 그 상 없는 덕과 변함없는 복을 짓기에 더욱 꾸준히 힘쓸지어다.]
– 『대종경』「인도품」17장

이 법문에서도 '지어 놓은 그 복이 죄가 되는 것이 아니라 복을 지은 그 마음이 죄를 짓는 마음으로 변하기도 한다',
'선을 닦는다는 것이 그 선을 믿을 수 없고 복을 짓는다는 것이 죄를 만드는 수가
허다하나니'라고 마음의 변화가 죄복의 변화로 이어짐을 알려주십니다.
한 마음이 원인이 되어 거기에 따른 결과가 발생되는 인과의 이치입니다.
'응용무념應用無念', '상相이 없는' 경지에 이르러야
바람직하지 않은 결과를 불러오는 한 마음을 일으키지 않을 수 있습니다.

"보시를 하는 것이 비하건대 과수에 거름을 하는 것과 같나니 유상보시有相布施는 거름을 위에다가 흩어 주는 것 같고 무상보시無相布施는 거름을 한 후에 묻어 주는 것 같나니라. 위에다가 흩어 준 거름은 그 기운이 흩어지기 쉬운 것이요, 묻어 준 거름은 그 기운이 오래가고 든든하나니, 유상 보시와 무상 보시의 공덕의 차이도 또한 이와 같나니라."
– 『대종경』「변의품」17장 라는 법문도 참고가 됩니다.

요컨대, 범부들은 자신의 '선'은 '들추어' 내고 싶어하고
자신의 '악'은 '숨겨두'고 싶어하지만 그것은 불보살의 심법이 아닙니다.
불보살들은 자신의 '선'을 '숨겨두'려 하고
자신의 '악'은 '들추어내'서 참회하고 바로잡으려고 합니다.
같은 행위여도 이런 마음의 차이로 인해 아주 다른 결과를 불러옵니다.
'자신'의 선악과는 달리 '타인'의 선악에 대해서는
'은악양선隱惡揚善'의 심법을 써야 합니다.

• 은악양선 隱惡揚善 : 상대방이 실수로 잘못한 행동은 덮어주고 선한 행동은 드러내준다는 뜻. 누구나 실수란 범할 수 있는 이상, 방심으로 인한 실수를 덮어줄 때 그로 하여금 분발하게 하여 다시는 실수를 범하지 않도록 용기를 준다. 그리고 상대방이 잘한 일은 아무리 사소한 일이라도 드러내준다면 그는 비록 조그마한 선행을 했다고 해도 다시 선행을 지속할 수 있는 격려가 된다. 이처럼 실수는 덮어주고 선행은 드러내주는 것이 은악양선이다. 사람의 인품에 있어 은악양선이 중시되는 것은 『중용中庸』에 나타나 있다. "공자는 순임금이 크게 지혜롭다고 했는데, 그것은 순임금이 묻기를 좋아하고 사소한 말이라도 잘 살펴서 은악양선을 한다(子曰 舜其大知也與 舜好問而好察邇言 隱惡而揚善)"(『중용』)는 것이다. 포용과 권면의 정신에 따라 자신의 행동을 성찰하도록 하여 과오를 범하지 않게 함은 물론 선행을 권면하는 것이다. 소태산대종사는 신심이 부족하고 착하지 못한 제자들의 큰 허물에는 꾸중을 적게 하며 조그마한 선행에는 칭찬을 많이 했는데(『대종경』 실시품39장) 그것은 은악양선이라는 방편을 베풀었다는 의미이다. 정산종사는 "지도자들은 은악양선을 주로 하여 저 사람이 폭력으로써 대하면 인仁으로 용서하고, 저 사람이 교사巧詐로써 대하면 진眞으로 바루며, 저 사람이 권세와 이해로써 대하면 공의公義와 정의情誼로 응하여, 능히 창생을 심화 기화로써 두루 교화하여야 한다"(『정산종사법어』 공도편57장)고 했다.

나의 마음공부

• 나의 '선'을 드러내고 싶은 마음은 왜 일어날까요?

• 나의 '악'을 숨기고 싶은 마음은 왜 일어날까요?

- 나의 '선'을 숨겨두는 것이 왜 그 '공덕'이 커지게 할까요?

- 나의 '악'을 드러내는 것이 왜 그 '뿌리'가 얕아지게 할까요?

대종사 말씀하시기를
[덕도 음조陰助하는 덕이 더 크고,
죄도 음해陰害하는 죄가 더 크나니라.]

『대종경』「요훈품」25장

- **음조 陰助** : 넌지시 뒤에서 도와줌.
- **음해 陰害** : 자신을 드러내지 않고 음흉한 방법으로 남을 넌지시 해함.

음조陰助 음해陰害 | 풀이 |

대종사 말씀하시기를
[덕도 음조陰助하는 덕이 더 크고,

"선은 들추어낼수록 그 공덕이 작아지고
악은 숨겨둘수록 그 뿌리가 깊어지나니,
그러므로 선은 숨겨두는 것이 그 공덕이 커지고
악은 들추어내는 것이 그 뿌리가 얕아지나니라." - 「요훈품」24장
바로 앞에서 살펴본 이 법문과 일맥상통하는 법문입니다.
'음조陰助하는 덕' 이란 「요훈품」24장의 '숨겨두는' 선의 공덕이라고 할 수 있습니다.

자신의 선행과 공덕을 드러내려고 하면 오히려 사람들의 비웃음을 사기 쉽습니다.
드러내려는 마음이 상相이 되어 앞날의 선행을 방해합니다.
반대로 겸손하게 숨기면 오히려 사람들이 그 심법을 더 높이 평가하곤 합니다.
무상無相의 선행은 앞날의 선행을 촉진해서 영원한 진급의 길을 열어 줍니다.
미묘한 마음의 조화입니다.

죄도 음해陰害하는 죄가 더 크나니라.]

'음해陰害하는 죄' 란 「요훈품」24장의
'숨겨둘수록 그 뿌리가 깊어지'는 악과 같습니다.
숨길수록 사람들에게 죄악이 드러나지 않으니
본인이 참회하려는 마음이 없다면 들킬 때까지 그 죄악이 커지게 될 것입니다.
무서운 일입니다.

호리도 틀림이 없는 '인과보응의 이치'를 알지 못하고 믿지 못하면
이런 무서운 죄를 계속해서 짓게 됩니다.
소소영령한 인과보응의 진리가 늘 우리를 지켜보고 있다는 것을 명심해야 합니다.
내가 지은 죄의 죄과를 반드시 받게 된다는 것을 한시도 잊지 말아야 합니다.

함께 참고할만한 법문입니다.
"대종사 말씀하시기를 [사람이 주는 상벌은 유심으로 주는지라 아무리 밝다 하여도 틀림이 있으나, 천지에서 주는 상벌은 무심으로 주는지라 진리를 따라 호리도 틀림이 없어서 선악간 지은 대로 역연히 보응을 하되 그 진리가 능소 능대^{能小能大}하고 시방에 두루 있나니, 어찌 그를 속일 수 있으며 그 보응을 두려워하지 아니하리요. 그러므로, 지각 있는 사람은 사람이 주는 상벌보다 진리가 주는 상벌을 더 크고 중하게 여기나니라.]"
– 『대종경』「인과품」4장

나의 마음공부

- 나는 누군가를 위해서 '음조陰助'를 해보았나요?

- 누군가를 위해 '음조'를 했는데 상대방이 끝까지 몰라줄 때 내 마음은 어떨까요?

- 나는 지금까지 누군가의 '음조'를 얼마나 받았을까요?

- 혹시라도 누군가의 '음해陰害'를 받는다면 그 원인은 무엇일까요?

대종사 말씀하시기를
[선을 행하고도 남이 몰라 주는 것을 원망하면
선 가운데 악의 움이 자라나고,
악을 범하고도 참회를 하면
악 가운데 선의 움이 자라나나니,
그러므로 한때의 선으로 자만자족하여 향상을 막지도 말며,
한때의 악으로 자포자기하여 타락하지도 말 것이니라.]

『대종경』「요훈품」 26장

선 가운데 악의 움이 자라나고 |풀이|

대종사 말씀하시기를
[선을 행하고도 남이 몰라 주는 것을 원망하면
선 가운데 악의 움이 자라나고,

'선'에서 '악'이 나오는 것이 아니라,
'남이 몰라 주는 것을 원망'하는 마음이 '악의 움'이 된다고 경계해주십니다.
'마음'이 문제입니다.
'마음'에서 답을 찾아야 합니다.
앞의 법문들과 같은 맥락의 법문입니다.

악을 범하고도 참회를 하면
악 가운데 선의 움이 자라나나니,

반대로, '악을 범' 했더라도 '참회'로 '마음'을 바꾸면
'악 가운데서 선의 움이 자라' 난다고 알려주십니다.
이미 행한 악의 과보(果)는 받아야 하지만
참회의 마음은 새로운 선한 원인(因)이 되고 있습니다.
인과의 이치는 그 참회의 마음에도 소소영령하게 보응할 것입니다.

한 번 악한 사람이 영원히 악한 것이 아니고,
지금 선한 사람이 영원히 선하리라는 법도 없습니다.
마음이 변하면 행동이 변하고 사람이 변하는 것입니다.
마음의 변화를 추구하는 마음공부가 중요한 까닭입니다.

「일원상 서원문」에서는 '은생어해恩生於害 해생어은害生於恩'이라고 해서
'해害'에서 '은恩'이 생기고, '은恩'에서 '해害'가 나온다고 알려주십니다.
사람이 마음먹기 따라서 해로움과 은혜로움이 바뀔 수 있는 것입니다.
선과 악도 마찬가지입니다.
선함과 악함은 늘 변할 수 있습니다.
선과 악은 결국 한 마음을 어떻게 사용하느냐에 달린 것입니다.

그러므로 한때의 선으로 자만자족하여 향상을 막지도 말며,
한때의 악으로 자포자기하여 타락하지도 말 것이니라.]

선이 악으로, 악이 선으로 바뀔 수 있습니다.
유有와 무無가 돌고 도는 것과 같습니다.
유무 초월이 되는 이치대로 선악도 초월할 수 있습니다.
이 이치를 알면 '한 때의 선으로 자만자족'할 수 없고,
'한 때의 악으로 자포자기'할 이유도 없습니다.
공부인이 늘 자신의 마음을 챙기고 마음공부를 쉬지 않아야 하는 이유입니다.
소태산 대종사님께서 영원한 희망과 진급의 길을 알려주십니다.

나의 마음공부

- '선'이 '악'으로 변하는 이유는 무엇일까요?

- '악'이 '선'으로 변하는 이유는 무엇일까요?

- '한때의 선으로 자만자족'한 경험이 있나요?

- '한때의 악으로 자포자기'한 경험이 있나요?

대종사 말씀하시기를
[어리석은 사람은 공것이라 하면 좋아만 하고,
그로 인하여 몇 배 이상의 손해를 받는 수가 있음을 알지 못하나,
지혜 있는 사람은 공것을 좋아하지도 아니하려니와,
그것이 생기면 다 차지하지 아니하고 정당한 곳에 나누어 써서,
재앙이 따라오기 전에 미리 액을 방비하나니라.]

『대종경』「요훈품」27장

• 액 厄 : 모질고 사나운 운수. 재액災厄·해액解厄 등으로 붙여서 이르기도 한다. 정산종사는 "이 나라의 재래 습관에 새해가 되면 모든 가정에서 승려나 장님을 청하여 독경으로 해액을 축원하는 행사가 있으나, 그에 따라 액이 풀리고 복이 오는 증거가 확실하지 않으며, 모든 경을 읽는 이가 다만 입으로만 읽고 그 경의 본의를 알지 못하면 모든 행사가 일종의 미신에 흐르고 말게 되나니, 우리는 새해 벽두에 다른 이를 시켜서 하룻밤 읽고 마는 경이 아니라 각자 각자가 매일 읽는 경으로 액을 풀며, 소리를 내어 읽는 경만이 아니라 묵묵한 가운데 마음으로 읽는 경으로 액을 풀며, 시간을 잡아 책상에서만 읽는 경이 아니라 동정간 모든 경계에 염두에서 항상 읽는 경으로 액을 풀기로 하고, 우리의 경전들을 숙독 실행하는 동시에 현실 세상에 나타나 있는 실지의 경전들을 잘 읽고 활용한다면 자신의 모든 재액을 능히 보낼 수 있으며, 가정·사회·국가의 행복을 오게 할 수 있으리라"(『정산종사법어』「무본편」51장)라고 했다.

공것 | 풀이 |

대종사 말씀하시기를
[어리석은 사람은 공것이라 하면 좋아만 하고,
그로 인하여 몇 배 이상의 손해를 받는 수가 있음을 알지 못하나,

사기를 당하는 사람들이 많습니다.
대개는 '공것', 공짜를 좋아하기 때문입니다.
세상에서 흔히 말하는 '공짜는 없다'는 말이 일리가 있습니다.
더구나 진리를 공부하는 공부인이라면 '공것'의 '소종래所從來',
공짜의 의미를 깊이 톺아보아야 합니다.

인과의 이치를 모르니 공것에 탐을 냅니다.
인과의 이치를 아는 사람은 모든 것의 참된 가치를 존중합니다.
내가 짓지 않은 복을 덥석 붙잡지 않습니다.
물건도 너무 싸게 얻으면 누군가에게 빚을 진다고 생각합니다.
모든 존재에 담긴 '은혜'의 가치를 알기 때문입니다.
모든 것을 '사은四恩'의 공물公物이라고 생각합니다.

지혜 있는 사람은 공것을 좋아하지도 아니하려니와,

인과보응의 이치를 아는 지혜로운 사람은 '공것'이 '공것이 아님'을 압니다.
그래서 공것이 내게로 올 때도 일종의 '경계'로 여기게 됩니다.
공것을 어떻게 받아들여야 할지 '온전한 생각으로 취사'하는 주의심을 발휘합니다.
공것을 받아들인 뒤의 결과까지 꼼꼼히 챙깁니다.

그것이 생기면 다 차지하지 아니하고 정당한 곳에 나누어 써서,
재앙이 따라오기 전에 미리 액을 방비하나니라.]

민간 신앙에서 흔히 말하는 '액(厄)'은 '모질고 사나운 운수'를 의미하는데
이를 면하려고 '액막이', '액막이 굿' 등을 하곤 했습니다.
'액'은 교리적으로 보면 일종의 '악업으로 인한 나쁜 과보'라고 할 수 있습니다.
짓지 않은 액은 없다고 보아야 합니다.
소태산 대종사님께서는 매우 합리적인 '액막이' 방법을 알려주시는 셈입니다.
어쩔 수 없이 공것을 받아들일 때는 혼자 차지하지 말고
'정당한 곳에 나누어' 쓰라고 알려주십니다.
'공(空)것'을 '공적(公的)'으로 써서 사적(私的)인 과보를 피하고 감하라는 가르침입니다.
진리를 깨달은 사람은 모든 행위를 공적으로 하게 됩니다.
'시방 삼계가 다 오가(吾家)의 소유인 줄을 알'게 되기 때문입니다.
자신이 공(空)해져서 '지공무사(至公無私)'한 '무아봉공(無我奉公)'의 삶을 살게 됩니다.
'공것'을 대해도 그 이면에 가려진 진정한 가치를 보게 됩니다.
이 세상에 '공것'이 없다는 것을 압니다.

'지혜 있는 사람'은 모든 존재가 '은혜'요, '사은(四恩)'임을 알고 있으며,
'공것'도 결국은 '은혜'와 '사은'의 품으로 돌아가야 함을 잘 알고 있습니다.

'인과보응의 이치'를 아는 지혜로운 사람은
은혜를 알고(지은知恩), 은혜에 보답(보은報恩)할 줄 아는 사람입니다.
혹시 '공것'이 생겨도 제대로 쓸 줄 압니다.
개인의 탐욕을 채우거나 삿되게 사용하지 않습니다.
공적으로 정당하게 쓰기 때문에 소위 '액막이'가 저절로 되는 셈입니다.
가장 진리적이고 사실적인 액막이는
마음공부를 잘하면서 은혜에 감사하고 보은하는 삶, 그 자체입니다.
더 이상의 액막이는 없습니다.

나의 마음공부

• 나는 '공것'을 얼마나 좋아하나요?

• '공것'을 좋아하다가 '몇 배 이상의 손해를 받는' 경험을 해보았나요?

• 혹시 '공것'이 오면 어떻게 '정당한 곳에 나누어 써'야 할까요?

• 나는 '재앙이 따라오기 전에 미리 액을 방비'할 줄 아나요?

대종사 말씀하시기를
[진인眞人은 마음에 거짓이 없는지라 모든 행사가 다 참으로 나타나고,
성인聖人은 마음에 상극相克이 없는지라 모든 행사가 다 덕으로 나타나나니,
그러므로 진인은 언제나 마음이 발라서 삿됨이 없고
성인은 언제나 마음이 안온하여 괴로움이 없나니라.]

『대종경』「요훈품」 28장

- 안온 安穩 : 조용하고 편안함.

진인眞人 성인聖人 | 풀이 |

대종사 말씀하시기를
[진인眞人은 마음에 거짓이 없는지라 모든 행사가 다 참으로 나타나고,

소태산 대종사님께서 진인眞人과 성인聖人에 대한 설명을 해주십니다.
진인은 '참 진眞'이란 글자 그대로 참된 사람이니,
'마음에 거짓이 없는' 사람이고,
그래서 행동의 결과가 '다 참으로 나타나'는 사람입니다.

거짓된 마음이 없으니,
당연히 거짓된 말도 하지 않을 것이고 거짓된 행동도 하지 않을 것입니다.
결코 쉬운 경지가 아닙니다.
진리를 깨달아 생활화해야 가능한 삶입니다.
인과보응의 이치를 신앙하고 수행으로 체화시켜야 가능한 경지입니다.
평소에 마음공부를 철저히 해야 욕심 경계나 역경에 응할 때도 참될 수 있습니다.

성인聖人은 마음에 상극相克이 없는지라 모든 행사가 다 덕으로 나타나나니,

성인의 '성聖'자는 '함부로 가까이할 수 없을 만큼 고결하고 거룩함'을 의미합니다.
흔히 '성인聖人 성聖 자字라고 합니다.
'마음에 상극이 없는' 사람이고,
그래서 심신작용의 결과가 '다 덕으로 나타나'는 사람입니다.
상극이 아니라 상생의 마음으로 상생의 기운이 충만한 인격이어야 합니다.
육근 동작의 결과도 '덕'으로 나타나, 덕화만발德化滿發하는 경지입니다.
'덕德'에 대해서 대종사님께서는

'어느 곳 어느 일을 막론하고 오직 은혜가 나타나는 것'이라고 하셨습니다.
성인은 모든 경계와 일을 은혜의 관점으로 응하고 행하여
그 모든 결과가 은혜로 나타나도록 하는 경지의 인격자라고 할 수 있습니다.
성인은 늘 은혜를 발견하고 보은하는 지은보은知恩報恩의 삶, 무아봉공無我奉公의 삶을
사는 사람입니다.

'상극相克'이란 극단적으로 관계가 좋지 않은 것을 의미합니다.
서로 원망하고, 미워하고, 적대시하고, 해하는 관계입니다.
'은혜'의 관점은 우주 만유를 '없어서는 살지 못할 관계'로 봅니다.
'상생'의 관계가 은혜의 관계라고 할 수 있습니다.
서로 감사하고, 사랑하고, 우호적이고, 도와주는 관계입니다.
상생의 관계를 맺으려면 진리에 대한 깨달음이 전제되어야 합니다.
'생멸 없는 도와 인과보응되는 이치'를 깨달아야 우주 만물의 상호 관계가 파악되고,
그래야 그들과 어떻게 관계를 맺어야 할지도 알 수 있습니다.
진리를 모르면 상극의 관계 맺음으로 삶이 고통스러워지고,
진리를 깨달아 은혜와 상생의 관계를 맺으면 삶이 복락으로 가득하게 됩니다.

그러므로 진인은 언제나 마음이 발라서 삿됨이 없고
성인은 언제나 마음이 안온하여 괴로움이 없나니라.]

삼학 팔조의 수행, 마음공부로 마음을 바르게 하고
사은 사요의 신앙, 지은보은으로 은혜 가득한 삶을 살면
'삿됨이 없고', '마음이 안온하여 괴로움이 없는' 행복한 낙원의 삶을 살게 됩니다.

삿됨이 없고, 마음이 안온하고 괴로움이 없는 삶을 원한다면
진인, 성인이 되기 위해서 늘 공을 들여야겠습니다.
대종사님께서 우리를 진인이 되는 길, 성인이 되는 길로 안내하십니다.

나의 마음공부

- 내 마음에 '거짓'이 있는지 잘 알아차리고 있나요?

- 내 마음에 '상극'의 마음이 있는지 잘 알아차리고 있나요?

- 나의 심신작용의 결과가 어느 정도나 '덕'으로 나타나나요?

- 나는 평소 얼마나 '마음이 안온하여 괴로움이 없나'요?

대종사 말씀하시기를

[빈말로 남에게 무엇을 준다든지 또는 많이 주었다고 과장하여 말하지 말라.

그 말이 도리어 빚이 되고 덕을 상하나니라.

또는 허공 법계에 빈말로 맹세하지 말라.

허공 법계를 속인 말이 무서운 죄고의 원인이 되나니라.]

『대종경』「요훈품」29장

• **빈말** : 실속 없이 헛된 말.

빈말로 맹세하지 말라 | 풀이 |

대종사 말씀하시기를
[빈말로 남에게 무엇을 준다든지 또는 많이 주었다고 과장하여 말하지 말라.

여기서 '빈말'이란 신용 없는 말입니다.
말과 행동이 일치하지 않는 말입니다.
사람들은 기분에 따라 상대방에게 뭔가를 주겠다고 말하는 경우가 많습니다.
그렇게 말했다면 반드시 그렇게 행동해야 합니다.
만약에 그럴 생각이 전혀 없이 그런 말을 했다면 그건 거짓말이고 사기가 됩니다.

또한 신나서 이야기하다 보면 지난 일을 부풀려 말하기 쉽습니다.
누군가에게 '10'을 베풀고 '100'을 베풀었다고 과장하지 말아야 합니다.
소태산 대종사님께서 이런 법문을 하신 이유는 이런 일들이 흔하기 때문이고
이런 일들로 인해서 사람들의 관계가 어그러지고 고통받는 것이
안타까우셨기 때문일 것입니다.

그 말이 도리어 빚이 되고 덕을 상하나니라.

'빈말'이 돌아 돌아 상대방 귀에 들어간다면 그 결과는 좋지 않습니다.
'무엇을 준다'고 했다면 그 상대방은 그것을 기대하며 기다릴 것이고,
그렇게 말한 사람이 신용을 지키지 않으면 원망심이 생기기 쉽습니다.
상생의 관계가 상극의 관계로 변질되기 십상입니다.

또한 '무엇을 준다'고 말한 사람도 말할 때는 비록 진심이었다고 하더라도
사정이 변해서 무엇을 주기 어려워질 때는 스스로 마음의 부담을 지게 됩니다.

빈말로 인해 자신은 '빚'을 지게 되고 상대방은 '빚쟁이'가 되는 형국입니다.

또한 '많이 주었다고 과장하여 말' 했을 경우에도 상대방이 그 말을 듣게 되면
'10'에 대한 고마운 마음이 '100'만큼의 원망으로 바뀌기 쉽습니다.
그리고 자신도 실제로 '준 것'과 '주었다고 과장한 것'과의 차이를 알기 때문에
그 간극으로 인해 마음이 갈등을 겪지 않을 수 없습니다.

이런 것들이 마음의 빚이 되고 업이 됩니다.
인간관계가 원망스러운 관계로 변해서 '덕'을 상하게 됩니다.
말 한마디가 자신을, 서로를 고해로 이끌고 가는 셈입니다.

또는 허공 법계에 빈말로 맹세하지 말라.
허공 법계를 속인 말이 무서운 죄고의 원인이 되나니라.]

특정한 상대가 없이 '허공 법계'를 상대로도 '빈말'을 해서는 안 됩니다.
무언가를 '맹세' 한다는 것은 자신을 속이고 진리를 속이는 것입니다.
우주 만물을 속이는 것과 같습니다.

소소영령한 인과보응의 이치가 '빈말'로 하는 거짓 '맹세'를 다 듣고 있습니다.
진리는 거짓된 행동에 상응한 보응도 잊지 않습니다.

말을 조심하고, 행동을 조심하고, 그 이전에 마음부터 조심해야겠습니다.
한 마음, 한마디 말, 한 행동이 내 죄복과 행불행 그리고 운명을 좌우합니다.

나의 마음공부

- 나는 '빈말'을 어느 정도로 하고 있나요?

- 나는 혹시 상대에게 한 말을 자주 잊어버리지는 않나요?

- '남에게 무엇을 준다'고 하고 주지 못한 적은 없나요?

- '남에게 무엇을 많이 주었다고 과장하여 말'한 적은 없나요?

- 이런 '빈말'의 잘못을 범하지 않으려면 어떤 공부를 해야 할까요?

- 이런 '빈말'을 했을 때 어떻게 바로잡고 수습해야 할까요?

대종사 말씀하시기를
[자기 마음 가운데 악한 기운과 독한 기운이 풀어진 사람이라야 다른 사람의 악한 기운과 독한 기운을 풀어 줄 수 있나니라.]

『대종경』「요훈품」 30장

악한 기운과 독한 기운 | 풀이 |

대종사 말씀하시기를
[자기 마음 가운데 악한 기운과 독한 기운이 풀어진 사람이라야

악한 기운으로 또 다른 악한 기운을 풀 수 없습니다.
독한 기운으로 다른 사람의 독한 기운을 풀어 줄 수도 없습니다.

비유하자면 마치 더러운 손으로 누군가의 상처를 치유하는 것과 같아서
오히려 환자의 상처를 덧나게 할 뿐입니다.

공부인은 자기 마음의 '악한 기운과 독한 기운' 부터 풀어야 합니다.
'다른 사람의 기운과 독한 기운을 풀어 주'는 일은 그다음입니다.
소태산 대종사님의 교법이 '악한 기운과 독한 기운'을 풀어주는 방법입니다.
마음공부로 마음을 맑히고 밝혀야 그 기운들도 풀리고,
지은보은의 신앙으로 자신의 삶이 은혜와 상생의 기운으로 가득하게 하면
'악한 기운과 독한 기운'들은 자연히 녹아버리게 됩니다.

다른 사람의 악한 기운과 독한 기운을 풀어 줄 수 있나니라.]

소태산 대종사님은 '선병자의先病者醫' - 「교의품」35장 라는 가르침을 주신 바 있습니다.
'병을 먼저 앓아본 사람은 뒤에 병을 앓게 되는 사람에게 병에 관해서는 스승이 될 수 있다는 말.' - 『원불교대사전』 입니다.
마음의 병도 마찬가지입니다.
마음병을 앓고 그 병을 극복한 사람이 타인의 마음병을 고칠 수 있습니다.

물론 의사들이 모든 병을 앓아보고 환자를 치료하는 것이 아님과 같이
마음의 원리를 깨달은 공부인들도 그렇습니다.

대종사님은 매우 원리적인 가르침을 설하십니다.
물리적으로 물이 낮은 곳으로 흐르고, 압력이 높은 곳에서 낮은 곳으로 이동하듯이
기운과 마음의 세계에도 그런 원리가 있음을 알려주십니다.
강한 기운이 약한 기운을 변화시키고
강한 마음이 약한 마음에 영향을 줄 수 있습니다.
청정淸靜한 기운의 힘이 더 강해야 악하고 독한 기운을 정화淨化할 수 있습니다.

누군가의 악惡한 기운을 풀어 주려면 나의 기운이 더 선善해야 하고,
누군가의 독毒한 기운을 풀어 주려면 나의 기운이 한참 더 순純해야 합니다.

마음은 기운을 변화시키고 기운은 마음을 변화시킵니다.
내 마음이 선하면 선한 기운이 모이고
다른 사람의 기운도 선해지고 그의 마음도 선해질 것입니다.
내 마음이 순하면 순한 기운이 모이고
다른 사람의 기운도 순해지고 그의 마음도 순해질 것입니다.
마음과 기운이 서로 영향을 주고받기 때문입니다.

요컨대, 나의 마음공부가 무엇보다 우선입니다.
마음공부하는 공부인은 일단 자신의 마음을 잘 알아차려야 합니다.
내 마음이 어떤지, 그 마음이 어떤 기운을 불러일으키고 있는지를 알아차려야 합니다.
내 마음에 '악한 기운', '독한 기운'이 있는지를 명확히 알아야 합니다.
자신에게 악한 기운과 독한 기운이 가득한데도 잘 모르고 있다면
자신의 심신작용이 불러올 죄고를 알 수 없어서 그것을 막을 수도 없습니다.

'자기 마음 가운데 악한 기운과 독한 기운'을 발견했다면 그 기운을 풀어야 합니다.

그 악한 기운과 독한 기운을 어떻게 풀어야 할까요?
우선 정성스럽게 참회와 기도를 하고, 독경과 주문 등의 방법이 있습니다만,
삼학 수행과 사은 신앙이라는 큰 공부길, 인생길을 병진해야 합니다.
악한 기운, 독한 기운의 뿌리까지 다스리려면
깊은 신앙과 수행이 필수입니다.

나의 마음공부

- 나에게 악한 기운, 독한 기운이 얼마나 있는지를 정확히 알고 있나요?

- 나는 악한 기운, 독한 기운을 푸는 방법을 알고 있나요?

- 악한 기운과 독한 기운을 스스로 풀어 본 경험이 있나요?

• 마음과 기운이 청정한 수행인을 만나서 나의 악하고 독한 기운이 풀린 경험을 해보았나요?

• 나의 청정한 기운으로 다른 사람의 악하고 독한 기운을 풀어준 경험이 있나요?

대종사 말씀하시기를
[상극의 마음이 화禍를 불러들이는 근본이 되고,
상생의 마음이 복을 불러들이는 근본이 되나니라.]

『대종경』「요훈품」31장

- **상극 相克·相剋** : 두 사물이나 사람 사이가 서로 상충하여 맞서거나 해를 끼쳐 어울리지 아니함. 음양오행설에서 금金과 목木, 목과 토土, 토와 수水, 수와 화火, 화와 금의 관계처럼 서로 조화를 이루지 못함을 이르는 말. 사물 사이의 안 좋은 관계를 의미하는 상극이라는 의미에 대해 소태산 대종사는 "그 사람이 보지 않고 듣지 않는 곳에서라도 미워하고 욕하지 말라. 천지는 기운이 서로 통하고 있는지라 그 사람 모르게 미워하고 욕 한번 한 일이라도 기운은 먼저 통하여 상극의 씨가 묻히게 된다"(『대종경』「인과품」5장)라고 하여 사람 사이의 상극의 인연을 상생으로 변화시키도록 가르치고 있다.
- **상생 相生** : 음양오행설에서, 금金은 수水와, 수는 목木과, 목은 화火와, 화는 토土와, 토는 금과 조화를 이룸을 이르는 말. 둘 이상이 서로 북돋우며 다 같이 잘 살아감.
- **화禍** : 모든 재앙災殃과 액화厄禍. 몸과 마음에나 또는 일에 뜻밖에 당하는 불행不幸이나 손실損失.

복을 불러들이는 근본 | 풀이 |

대종사 말씀하시기를
[상극의 마음이 화禍를 불러들이는 근본이 되고,

상대를 미워하고 원망하는 마음,
인과의 이치를 거스르는 마음,
지은보은知恩報恩이 아닌 배은망덕背恩忘德한 마음이 상극의 마음입니다.

한 마음이 천만 경계를 만나 관계를 맺게 됩니다.
상극의 마음으로 천만 경계에 응하면
그 경계들이 모두 화禍를 불러들이게 됩니다.
나의 '상극의 마음'이 '원인'이 되어 '화禍'라는 '결과'를 가져오는 것인데,
마음공부를 제대로 하지 않으면 이런 인과관계를 알아채지 못할 수 있습니다.
자칫하면 남을 탓하거나, 경계를 원망하면서 원인을 찾지 못해서
상극의 마음으로 심신작용을 거듭해서 죄고의 삶에서 벗어나지 못하게 됩니다.
안타까운 일입니다.

상생의 마음이 복을 불러들이는 근본이 되나니라.]

상대를 사랑하고 상대에게 감사하는 마음,
인과의 이치대로 순리를 따르는 마음,
은혜를 깊이 느끼고 은혜에 보답하려는 마음이 상생의 마음이라고 할 수 있습니다.

한 마음이 천만 경계를 만나면 관계가 맺어지게 됩니다.
천만 경계를 모두 '없어서는 살지 못하는 관계'로 여기는

상생의 마음으로 천만 경계에 응하면
천만 경계가 모두 귀중한 은혜가 되어 복락福樂을 불러오게 됩니다.

나의 '상생의 마음'이 '원인'이 되어 '복福'이라는 '결과'를 가져오는 것이니,
마음공부를 제대로 하면 이런 인과보응의 이치대로 살아가게 됩니다.
남을 탓하거나, 경계를 원망할 일이 없어집니다.
상생의 마음으로 심신작용을 하니 점점 더 복락의 길을 걷게 됩니다.
사은님의 보호를 받아 낙원 생활을 하게 됩니다.

세상에 가장 위대한 씨앗이 바로 '한 마음'이란 씨앗입니다.
보이지도 않는 마음 씨앗이 엄청난 결과를 불러오는 근본이 됩니다.
마음공부를 하는 공부인들은 한 마음을 낼 때 바로 알아차려야 합니다.
지금 자신이 발하는 한 마음이 '상생의 마음'인지 '상극의 마음'인지를.
그 한 마음이 결국 천만 경계, 환경과 만나 화복을 불러오기 때문입니다.

그래서 공부를 잘하는 공부인은 '마음'부터 다스립니다.
경계에 '응應'하고 나서는 이미 늦기 때문입니다.
'응용하는데 온전한 생각으로 취사하기를 주의할 것이요' - 『정전』 「상시응용주의사항」 1조
라는 법문의 가르침과 상통하는 가르침입니다.
'천만 경계'에 '응'해서 육근작'용', 심신작'용'을 할 때가 바로 '응용應用'할 때이고,
'온전한 생각으로 취사'하는 '동시動時 삼학三學' - 『대산종사법어』 「교리편」 65장 을 실행할 때입니다.
'경계를 대할 때마다 공부할 때' - 『정전』 「무시선법」 임을 잊지 말아야 합니다.

요컨대, 화복禍福의 근본이 마음에 있으니,
상극의 마음은 녹여버리고 상생의 마음으로 생활해야겠습니다.
그러기 위해서 신앙과 수행으로 마음공부와 훈련을 하는 것입니다.
내 마음이 곧 화복의 주인공입니다.

나의 마음공부

• 나는 한 마음이 발할 때 상극의 마음인지, 상생의 마음인지 바로 알아채나요?

• '화를 불러들이는 근본'이 '상극의 마음'인 것을 확실히 알고 있나요?

• '복을 불러들이는 근본'이 '상생의 마음'인 것을 확실히 알고 있나요?

• 상극의 마음을 없애고 상생의 마음만 발하려면 어떤 공부를 해야 할까요?

32

대종사 말씀하시기를
[아무리 한 때에 악을 범한 사람이라도
참 마음으로 참회하고 공덕을 쌓으면
몸에 악한 기운이 풀어져서
그 앞길이 광명하게 열릴 것이요,

아무리 한 때에 선을 지은 사람이라도
마음에 원망이나 남을 해칠 마음이 있으면
그 몸에 악한 기운이 싸고돌아서
그 앞길이 암담하게 막히나니라.]

『대종경』「요훈품」 32장

한 때에 악을 범한 사람이라도 | 풀이 |

같은 맥락 비슷한 내용의 법문이 이어집니다.
「요훈품」28장, 29장, 30장, 31장의 법문과 상통하는 가르침입니다.

대종사 말씀하시기를
[아무리 한 때에 악을 범한 사람이라도
참 마음으로 참회하고 공덕을 쌓으면
몸에 악한 기운이 풀어져서
그 앞길이 광명하게 열릴 것이요,

사람은 어리석고 몰라서 실행을 못하기도 하고,
알면서도 어리석게 실수를 하기도 합니다.
'한 때에 악을 범'하지 않는 사람은 없다고 할 수 있습니다.
'한 때에 악을 범'했을 때 어떻게 해야 할까요?
스스로 악인이라고 낙인을 찍어서 괴로워하고 악에서 헤어 나오지 못해야 할까요?
그것은 분명히 잘못된 일입니다.
잘못에 잘못을 더하는 어리석은 일입니다.

소태산 대종사님은 '영원히 참회 개과하는 사람은 능히 상생 상극의 업력을 벗어나서 죄복을 자유로 할 수 있나니, 그러므로 제불 조사가 이구동음으로 참회문을 열어놓으셨나니라.'라고 『정전』「참회문」에서 밝혀주신 바 있습니다.
'한 때에 악을 범한 사람이라도',
'그 앞길이 광명하게 열릴 것'을 보장하셨습니다.
단, '참 마음으로 참회하고 공덕을 쌓'아야 한다는 전제 조건을 다셨습니다.
'한 마음'을 새롭게 바꾸면,

'몸에 악한 기운이 풀어져서',
'그 앞길이 광명하게 열릴 것'이라고 희망의 새 길을 열어주셨습니다.

아무리 한 때에 선을 지은 사람이라도
마음에 원망이나 남을 해칠 마음이 있으면
그 몸에 악한 기운이 싸고돌아서
그 앞길이 암담하게 막히나니라.]

앞의 경우가 상극의 마음을 참회하여 상생의 마음으로 바꾸어
새로운 광명의 길을 연 경우라면, 이제는 그 반대의 경우입니다.
'한 때에 선을 지은 사람' 즉, 상생의 마음으로 복을 지은 사람도
그 마음이 변해서 '원망이나 남을 해칠 마음' 즉, 상극의 마음을 품게 된다면
'기운'도 '악'하게 변해서 '그 앞길이 암담하게 막히'는 이치를 알려주십니다.

따라서, 공부인들은 '한 때'의 선행이나 악행에 집착하지 말아야 합니다.
최선을 다해서 선행을 해야 하지만
혹시 실수해서 악행을 저질렀다고 하더라도 낙심하지 말고
마음공부로 참회하고 지은보은으로 공덕 쌓기를 계속해서
광명의 길로 나아가야 합니다.
반대로 한 때의 선행에 자만하면 다시 그 앞길이 암담해질 수 있음을 경고하십니다.

'인과보응의 이치'란 '변화'의 이치입니다.
마음도 변하는 것이고,
기운도 변하는 것이고,
만물도 변하는 것입니다.
정산 종사님의 말씀에 의하면 만물은 모두 '영靈·기氣·질質'로 볼 수 있으니
우주 만유의 영기질이 성주괴공, 생노병사, 유무의 변화를 한다고 할 수 있습니다.
변화의 이치를 잘 알아서 거기에 맞게 심신작용을 해야 합니다.

사람은 특히 마음이 변화의 근본이니 마음공부로 마음을 챙겨야 합니다.
상극의 마음은 상생의 마음으로 변화시켜야 하고,
상생의 마음이 상극의 마음으로 변질되지 않도록 챙기고 또 챙겨야 합니다.
내 마음을 어떻게 변화시킬 것인지는 오로지 내 마음에 달렸습니다.

나의 '앞길이 암담하게 막히'는 경우에
공부인들은 자신의 기운과 마음을 살펴야 합니다.
나의 잘못을 발견해서 '참회하고 공덕을 쌓'아야
'몸에 악한 기운이 풀어져서 그 앞길이 광명하게 열릴 것'입니다.
소태산 대종사님은 우리 삶을 바꿀 수 있는 매우 간명한 원리를 알려주십니다.

나의 마음공부

• 나도 모르게 '한 때에 악을 범한' 경우에 어떻게 해야 할까요?

• '참회하고 공덕을 쌓'아서 '몸에 악한 기운'을 풀어 본 경험이 있나요?

• '암담하게 막힌' 길에서 벗어나 '광명하게 열린' 길로 간 경험이 있나요?

- 나는 어떤 경우에 '원망이나 남을 해칠 마음'이 들곤 하나요?

- '참회와 공덕을 쌓'는 방법을 잘 알고 있나요?

대종사 말씀하시기를
[중생들은 열 번 잘해준 은인이라도 한 번만 잘못하면 원망으로 돌리지마는
도인들은 열 번 잘못한 사람이라도 한 번만 잘하면 감사하게 여기나니,
그러므로 중생들은 은혜에서도 해^害만 발견하여 난리와 파괴를 불러오고,
도인들은 해에서도 은혜를 발견하여 평화와 안락을 불러오나니라.]

『대종경』「요훈품」33장

해에서도 은혜를 발견하여 | 풀이 |

대종사 말씀하시기를
[중생들은 열 번 잘해준 은인이라도 한 번만 잘못하면 원망으로 돌리지마는
도인들은 열 번 잘못한 사람이라도 한 번만 잘하면 감사하게 여기나니,

어리석은 중생들과 지혜로운 도인들의 감사생활의 차이에 대한 법문입니다.
원불교 신앙의 핵심이라고 할 수 있는 '감사생활' 공부에 큰 도움이 되는 내용입니다.

중생들은 큰 은혜보다 작은 원망에 편착하고,
도인들은 작더라도 소중한 은혜에 감사한다고 설하십니다.
비유하자면, 중생들은 옥(玉)의 티만 보는 것과 같고
도인들은 티가 있더라도 옥(玉)의 가치를 중히 아는 것과 같습니다.
작은 원망의 마음이 눈을 가리면 엄청난 은혜도 보지 못하게 됩니다.
도인들은 그런 어리석음을 범하지 않습니다.

그러므로 중생들은 은혜에서도 해(害)만 발견하여 난리와 파괴를 불러오고,
도인들은 해에서도 은혜를 발견하여 평화와 안락을 불러오나니라.]

『정전』「일원상 서원문」중 '은생어해', '해생어은'의 의미와 같습니다.
은생어해(恩生於害), 해에서 은혜가 생긴다는 뜻입니다.
해생어은(害生於恩), 은혜에서 해가 생긴다는 뜻입니다.
'은'과 '해'는 일견 고정된 것이지만 그렇지 않은 면도 있습니다.
보는 사람에 따라서 달리 보이고 받아들여질 수 있기 때문입니다.
예컨대, 대개 역경이나 난경을 '해'라고 하지만 그렇지 않은 경우도 있습니다.
역경과 난경을 긍정적으로 받아들여서 자기 발전의 기회로 삼기도 합니다.

이런 경우를 '해에서도 은혜를 발견'하는 '은생어해'의 사례라고 할 수 있습니다.
반대로 순경이나 좋은 환경에서도 배은과 원망을 일삼는 사람이 있습니다.
이런 경우를 '은혜에서도 해만 발견'하는 '해생어은'의 사례라고 할 수 있습니다.
중생들은 행복할 수 있는 상황에서도 '난리와 파괴를 불러오고',
도인들은 불행할 만한 상황에서도 '평화와 안락을 불러' 옵니다.

지은보은이 왜 신앙의 핵심 내용인지를 알 수 있는 법문입니다.
우주 만유가 은혜로되 마음공부가 전제되어야 그 은혜를 발견할 수 있습니다.
마음공부로 마음을 맑히고 밝혀야 하는 까닭입니다.
삼학의 수행이 없이는 세상에 가득한 은혜를 발견할 수 없고,
지은보은의 사은 신앙이 없이는 마음의 자유, 평화와 안락도 구할 수 없습니다.

'감사하게 여기는' 것에도 마음의 힘이 필요합니다.
마음의 힘이 없으면 은혜도 '원망으로 돌리'게 되고 맙니다.
'원망생활을 감사생활로 돌리자.'라는 「일상수행의 요법」 5조도
마음의 힘이 있어야 가능합니다.
신앙과 수행을 병진해야 하는 이유입니다.

수행을 제대로 해야 신앙도 온전히 할 수 있고,
신앙을 제대로 해야 수행도 온전히 할 수 있습니다.

중생들의 눈에는 원망이 보이고,
불보살, 도인들의 눈에는 은혜가 보입니다.
같은 세상을 살아도 사실은 서로 다른 세상을 사는 것입니다.

나의 마음공부

- 나는 혹시 '열 번 잘해준 은인이라도 한 번만 잘못하면 원망으로 돌리지' 않았나요?

- 나는 '은혜에서도 해만 발견'하는 사람인가요?

- 나는 '해에서도 은혜를 발견'하는 사람인가요?

- 나는 혹시 '난리와 파괴'를 불러오는 사람인가요?

- 나는 '평화와 안락'을 불러오는 사람인가요?

- 세상을 둘러보아도 '은혜'가 보이지 않을 때는 마음공부를 어떻게 해야 할까요?

대종사 말씀하시기를
[선한 사람은 선으로 세상을 가르치고,
악한 사람은 악으로 세상을 깨우쳐서,
세상을 가르치고 깨우치는 데에는 그 공이 서로 같으나,
선한 사람은 자신이 복을 얻으면서 세상일을 하게 되고,
악한 사람은 자신이 죄를 지으면서 세상일을 하게 되므로,
악한 사람을 미워하지 말고 불쌍히 여겨야 하나니라.]

『대종경』「요훈품」 34장

악한 사람을 미워하지 말고 불쌍히 여겨야   [풀이]

대종사 말씀하시기를
[선한 사람은 선으로 세상을 가르치고,
악한 사람은 악으로 세상을 깨우쳐서,
세상을 가르치고 깨우치는 데에는 그 공이 서로 같으나,

사람들은 선한 사람의 선행을 보면 칭송하고 본받으려 합니다.
반면에 악한 사람의 악행을 보면 반면교사를 삼고 경각심을 갖게 됩니다.
사람들이 선행과 악행의 결과를 보면서 인과보응의 이치를 깨닫게 되니
'세상을 가르치고 깨우치는 데에는 그 공이 서로 같'다고 말씀하십니다.

선한 사람은 자신이 복을 얻으면서 세상일을 하게 되고,
악한 사람은 자신이 죄를 지으면서 세상일을 하게 되므로,
악한 사람을 미워하지 말고 불쌍히 여겨야 하나니라.]

'공'은 같을지 몰라도 인과보응의 이치에 따라 자업자득하게 되므로
선행자는 복을 받고 악행자는 죄를 지어 화를 받는 차이가 있습니다.
법문에서 소태산 부처님께서 '악한 사람'에게 느끼는 안타까움이 전해져 옵니다.
그들이 깨우침을 주긴 주지만 정작 그들은 죄고를 면하지 못하기 때문입니다.
부처님의 관점에서 보자면 세상에 반면교사는 필요치 않을 것입니다.
대자대비의 마음으로 보면 그들은 '미워'할 대상이 아니고
'불쌍히 여겨야' 할 사람인 것입니다.

공부인의 입장에서는 어떤 경우에도 깨달음을 얻어야 하지만,
부득이 '악'에서 깨달음을 얻을 때에는 그 '악한 사람'을 '미워하지 말'아야 하고,

'불쌍히 여겨야' 한다고 알려주십니다.
자칫하면 자비심이 결여된 메마른 깨달음이 될 수 있음을 경계하신 듯합니다.
또한 엄밀히 보면 그래야 '악'에서 깨달음을 얻는 공부인도 악업을 짓지 않게 됩니다.
악행자를 '미워'하는 그 마음이 업이 되어서 과보를 받기 때문입니다.
미움에 물든 깨달음은 온전한 깨달음이 아닙니다.
악행자를 볼 때도 깨달음을 구하되 자비심을 놓치지 말아야겠습니다.

나의 마음공부

• 나는 '선한 사람'으로부터 무엇을 배우나요?

• 나는 '악한 사람'으로부터 무엇을 깨우치나요?

• 나는 '악한 사람'을 '미워하지' 않을 수 있나요?

• 나는 '악한 사람'을 '불쌍히' 여기나요?

• '선한 사람'과 '악한 사람'을 대할 때 내 마음이 어떻게 다른가요?

대종사 말씀하시기를
[이용하는 법을 알면 천하에는 버릴 것이 하나도 없나니라.]

『대종경』「요훈품」 35장

천하에는 버릴 것이 하나도 없나니라 [풀이]

대종사 말씀하시기를
[이용하는 법을 알면 천하에는 버릴 것이 하나도 없나니라.]

이 법문의 열쇠말은 '이용하는 법'으로 보입니다.
하지만 소태산 대종사님의 교법 전체를 본다면
'천하에는 버릴 것이 하나도 없나니라' 라는 말씀이 더 큰 전제로 보입니다.

대종사님은 기본적으로 우주 만유를 '없어서는 살지 못할 관계'
즉, '은혜恩惠'로 보셨습니다.
'이 우주 만유 전체가 죄복을 직접 내려주는 사실적 권능이 있는 것을 알아서
진리적으로 믿어 나아가는 대상을 삼을 것이니' -「교의품」8장 라는 법문이나,
'일원상의 내역을 말하자면 곧 사은이요, 사은의 내역을 말하자면 곧 우주 만유로서
천지 만물 허공 법계가 다 부처 아님이 없나니' -「교의품」4장 라는 법문,
그리고 '처처불상處處佛像 사사불공事事佛供'이라는 교리표어는
'천하에는 버릴 것이 하나도 없'는 정도가 아니라
'우주 만유 전체가 죄복을 직접 내려주는 권능'을 가진 유일무이한 '부처'이며
'은혜恩惠'임을, '은恩'적 존재임을 천명하고 있습니다.
이런 관점이 바로 소태산 대종사님이 우주 만물을 보는 관점인 것입니다.

그래서 '우주 만물이 모두 다 영원히 죽어 없어지지 아니하고 저 지푸라기 하나까지도 백억 화신을 내어 갖은 조화와 능력을 발휘하나니라. 그러므로, 그대들은 이러한 이치를 깊이 연구하여 우주 만유가 다 같이 생멸 없는 진리 가운데 한량 없는 생을 누리는 것을 깨쳐 얻으라.' -「천도품」15장 라고 설하십니다.

소태산 대종사님은 가장 흔해서 별 가치가 없는 것으로 치부하는 '지푸라기 하나까지도 백억 화신을 내어 갖은 조화와 능력을 발휘'한다고 보신 것입니다.
우주 만유 모든 존재가 그 자체로 누구에 의해서도 불필요한 존재로 취급될 수 없는 존귀한 존재라는 사실을 알려주십니다.

'이용하는 법'은 그 다음의 문제라고 할 수 있습니다.
'이용하는 법'에는 이미 '인간'의 관점이라는 국한이 있다고 할 수 있습니다.
진리, 천지님은 애초부터 '버릴 것이 하나도 없'습니다.
무언가를 버리는 것은 인간입니다.
천지는 아무것도 버리지 않습니다.

다만 인간들이 우주 만물을 '이용하는 법을 알면' 그 무엇도 버리지 않을 수 있습니다.
인간들이 무언가를 버린다면 그것은 그 무언가를 '이용하는 법'을 모르기 때문입니다.
현대 문명이 수많은 것들을 버리는 이유는 '이용하는 법'을 모르기 때문입니다.

대종사님은 제자들로부터 '조각 종이 한 장과 도막 연필 하나며 소소한 노끈 하나라도 함부로 버리지 아니하시고 아껴 쓰시며'-「실시품」18장 라는 평을 받으셨습니다.
이어서 '아무리 흔한 것이라도 아껴 쓸 줄 모르는 사람은 빈천보를 받나니'라고 인과 법문을 해주셨습니다.
소소영령한 인과보응의 이치를 안다면 세상에 모든 물건을 귀하게 여길 수밖에 없고 버릴 수도 없을 것입니다.
인과의 이치에 통달한다면 모든 것을 '이용하는 법'도 알게 될 것입니다.

대종사님께서 말씀하시는 '이용하는 법'이란 '바른 도로 이용하는 법'입니다.
'모든 재주와 모든 물질과 모든 환경을 오직 바른 도로 이용하도록 가르친다 함이니라.'-「교의품」29장 라는 법문의 '바른 도로 이용'하는 것을 의미합니다.
'이용하는 법'을 잘못 해석하면 자신의 욕심을 채우려는 수단으로서 만물을 이용하려는 이기주의적 이용 방법으로 볼 수도 있기 때문입니다.

현대인들 누구나 연구하고 있는 '이용하는 법'에서 진일보해서 '바른 도로 이용'하는 법을 깨달아 만물을 은혜롭게 대하고 사사불공事事佛供하며 선용해야 하겠습니다.

자칫하면 인간은 만물을 '이용하는 법'을 잘 알고 있다고 착각할 수 있습니다.
그래서 온갖 환경 파괴와 오염으로 '천하를 버리고' 있는지도 모릅니다.
'바른 도로 이용'하고 있는지 깊이 성찰해야 합니다.
'이용'을 하되 '바른 도'로 이용해야 하고,
모두를 살리는 '상생의 도'로 살려 쓰는 지혜가 필요합니다.
인간이 버리는 것이 점점 많아지면 인간도 점점 버려질 것입니다.
천하에는 호리도 틀림이 없는 인과보응의 이치가 충만해 있기 때문입니다.
인간이 버리는 것이 하나도 없을 때 천하도 인간을 하나도 버리지 않을 것입니다.
우주 만물은 서로 '없어서는 살지 못할 관계', 은혜의 관계를 맺고 있습니다.
처처불상處處佛像 사사불공事事佛供의 가르침을 깊이 새겨 실천해야겠습니다.

나의 마음공부

• 나는 우주 만물을 '이용하는 법'을 잘 알고 있나요?

• 그 '이용하는 법'은 어떤 법인가요?

• 내가 주로 버리고 있는 것은 무엇인가요?

- 나는 '바른 도'로써 만물을 '이용'하고 있나요?

- 혹시 나는 무언가를 '이용'하고 나서 '버리'고 있는 것은 아닌가요?

대종사 말씀하시기를
[사람이 말 한 번 하고 글 한 줄 써가지고도
남에게 희망과 안정을 주기도 하고, 낙망과 불안을 주기도 하나니,
그러므로 사람이 근본적으로 악해서만 죄를 짓는 것이 아니라,
죄 되고 복 되는 이치를 알지 못하여
자신도 모르는 가운데 죄를 짓는 수가 허다하나니라.]

『대종경』「요훈품」 36장

• **허다 許多하다** : 수효가 매우 많다.

자신도 모르는 가운데 | 풀이 |

대종사 말씀하시기를
[사람이 말 한 번 하고 글 한 줄 써가지고도
남에게 희망과 안정을 주기도 하고, 낙망과 불안을 주기도 하나니,

예컨대, 어렸을 적 미술 시간에 선생님의 칭찬을 듣고 화가가 되었다는
유명 화가의 사례가 있는가 하면,
요즘에는 악성 댓글로 인해 사람이 절망과 위험에 빠지기도 합니다.
사람이란 환경의 영향을 크게 받는 존재입니다.
무엇보다 타인의 영향을 크게 받습니다.
최령한 존재이기에 미묘한 마음의 변화에도 민감하게 반응하곤 합니다.
'나'를 주체로 본다면 나의 말 한마디, 글 한줄이
'남'에게 '희망과 안정', 또는 '낙망과 불안'을 줄 수 있습니다.
서로가 서로에게 영향을 주고받는 것입니다.

그러므로 사람이 근본적으로 악해서만 죄를 짓는 것이 아니라,
죄 되고 복 되는 이치를 알지 못하여
자신도 모르는 가운데 죄를 짓는 수가 허다하나니라.]

범부들은 자신의 사소한 심신작용 하나하나가 타인에게 어떤 영향을 미치는지를
잘 알기가 쉽지 않습니다.
이것을 알려면 공부 수준이 『정전』「법위등급」의 '법마상전급' 이상이 되어
자신의 심신작용에 대해서 '법과 마를 일일이 분석'하는 정도가 되어야 합니다.
이 정도가 되지 못하면 자신의 마음 씀씀이 하나하나, 행동 하나하나가
죄가 되거나 복이 되는 과정과 이치를 알아채지 못하기 쉽습니다.

'자신도 모르는 가운데', '죄를 짓는 수가 허다' 할 것이고,
'자신도 모르는 가운데', '복을 짓는 수도 허다' 할 것입니다.
그 이유는 '죄 되고 복 되는 이치를 알지 못하'기 때문입니다.
마음 가는대로, 습관대로 또는 환경에 따라 심신작용, 육근동작을 하니
어떤 경우에는 죄가 되기도 하고 또 다른 경우에는 복이 되기도 하는 것입니다.
죄복의 주체가 '나' 자신이 아닌 셈입니다.
운명의 주인공이 자신이 아니게 된 셈입니다.

요컨대, 이런 일이 일어나는 이유는 '인과보응의 이치'을 모르는 데서 비롯됩니다.
즉, 자신의 행위가 어떤 결과를 가져올지를 모른 채 행위를 하기 때문입니다.
자신이 저질러 놓고도 그 결과를 부정하기도 합니다.
이런 삶은 무명無明과 업業에 끌려가는 삶이라고 봐야 할 것입니다.
그래서 대종사님께서 말씀하시기를
'그러므로 사람이 근본적으로 악해서만 죄를 짓는 것이 아니라'고 하신 듯합니다.
'죄'인지도 분별을 못하니 '악'하다고 할 수도 없는 근기인 것입니다.
사회적으로도 미성년자나 심신미약자 등에 대해서 면책을 해주는 이유입니다.
이들은 분별력이 부족해서 '죄'인지도 모르고 '악행'을 범할 수 있기 때문입니다.
불보살의 관점에서 보자면 범부와 중생들의 죄악 역시 이들과 비슷한 것입니다.
'죄 되고 복 되는 이치를 알지 못하여'
'자신도 모르는 가운데 죄를 짓는 수가 허다' 하니 안타깝고 불쌍한 일입니다.

자신도 모르는 가운데 죄를 짓지 않으려면
자신의 심신작용 하나하나를 주의 깊게 알아차리고 챙겨야 합니다.
온전한 마음으로 법과 마, 정의와 불의를 분별한 다음에 행동해야 합니다.
'공부의 요도'에 맞게, '인생의 요도'에 어긋나지 않도록 해야 합니다.
심신작용, 육근동작 하나하나가 이 세상에 얼마나 큰 영향을 미치고
내 삶에도 얼마나 큰 결과를 가져오는지를 심사숙고하며 생활해야 합니다.

소태산 대종사님께서 '정기훈련'과 '상시훈련'으로 훈련을 시키신 이유를
깊이 새겨봐야겠습니다.

나의 마음공부

• 나는 '자신도 모르는 가운데 죄를 지은' 경험이 있나요?

• 자신의 심신작용 하나하나를 '법'과 '마'로 분별할 수 있나요?

• 나는 나의 심신작용이 '죄 되고 복 되는 이치'를 잘 알고 있나요?

• 나는 말이나 글로 누군가에게 '희망과 안정'을 주고 있나요?

• 나는 말이나 글로 누군가에게 '낙망과 불안'을 준 적이 있나요?

37

대종사 말씀하시기를
[살·도·음 같은 중계重戒를 범하는 것도 악이지마는,
사람의 바른 신심을 끊어서 영겁 다생에 그 앞길을 막는 것은 더 큰 악이며,
금전이나 의식을 많이 혜시하는 것도 선이지마는,
사람에게 바른 신심을 일으켜서 영겁 다생에 그 앞길을 열어주는 것은
더 큰 선이 되나니라.]

『대종경』「요훈품」37장

바른 신심 | 풀이 |

대종사 말씀하시기를
[살·도·음 같은 중계重戒를 범하는 것도 악이지마는,
사람의 바른 신심을 끊어서 영겁 다생에 그 앞길을 막는 것은 더 큰 악이며,

살생, 절도, 간음은 수행자의 대기사大忌事요, 반드시 지켜야 할 무거운 계율입니다.
생각해보면 수행자의 계문이 아니라 모든 사람이 지켜야 할 내용이기도 합니다.
이런 계문을 어기는 것이 '악'이 됨은 별다른 설명이 필요치 않습니다.
자신과 타인, 사회에 모두 악영향을 끼치고 타락의 길로 이끌기 때문입니다.

그런데 대종사님은 이렇게 명백한 '악'보다 '더 큰 악'이 있다고 말씀하십니다.
'사람의 바른 신심을 끊'는 것입니다.
명백히 악한 행동보다 무형한 '신심'을 끊는 게 더 큰 악이라고 하십니다.
깊이 생각해보면 그 이유를 알 수 있습니다.
일시적인 악행에는 참회의 길이 열려있지만
'바른 신심'을 끊으면 참회의 길도 막혀버리기 때문입니다.
신앙과 수행에 대한 '바른 신심'이 없다면 어떻게 신앙과 수행을 할 것이며,
어떻게 불보살로 진급하는 선한 삶을 살 수 있겠습니까?
마치 '복의 근원'인 마음을 없애는 것과 같습니다.
'바른 신심'을 끊는 것은 '영겁 다생에 그 앞길을 막는 것'과 같습니다.

금전이나 의식을 많이 혜시하는 것도 선이지마는,
사람에게 바른 신심을 일으켜서 영겁 다생에 그 앞길을 열어주는 것은
더 큰 선이 되나니라.]

한편 그 반대의 경우도 있습니다.
'바른 신심'을 일으켜준다면 그 사람은 신앙과 수행에 믿음을 가져서
바른 공부길, 바른 인생길을 가게 될 것이고,
그 길을 가면 갈수록 불보살로 진급하게 될 것입니다.
점점 더 복락을 누릴 수 있게 될 것입니다.
결국 '영겁 다생에 그 앞길을 열어주는 것'이 되는 셈입니다.

마치 곡식을 주는 것보다 농사짓는 법을 알려주는 것이 더 나은 것과 같고,
물을 주는 공덕보다 샘물 파는 법을 알려주는 공덕이 더 큰 것과 같습니다.
복덕福德보다 복덕성福德性을 갖추는 것이 더 큰 복이 됨과 같습니다.

'한 마음이 선하면 모든 선이 이에 따라 일어나고' - 「요훈품」3장
'상생의 마음이 복을 불러들이는 근본이 되나니라.' - 「요훈품」31장 라는 말씀과
일맥상통하는 법문입니다.

'신심'은 신앙과 수행의 뿌리가 되는 마음입니다.
'마음'을 이토록 강조하는 이유가 곧 '마음공부'를 그토록 강조하는 이유이고,
'마음이 곧 부처'라고 하는 이유입니다.

나의 마음공부

- 나에게 '바른 신심'이 있을 때와 없을 때 내 삶에 어떤 차이가 있던가요?

- 어떤 경우에 '바른 신심'이 끊어질까요?

- 나는 누군가에게 '바른 신심을 일으켜' 준 적이 있나요?

- 어떻게 해야 사람들에게 '바른 신심을 일으켜' 줄 수 있을까요?

- '바른 신심'을 일으키면 '영겁 다생에 그 앞길을 열어주는 것'이 되는 이유는 무엇일까요?

대종사 말씀하시기를
[세상에 세 가지 제도하기 어려운 사람이 있나니,
하나는 마음에 어른이 없는 사람이요,
둘은 모든 일에 염치가 없는 사람이요,
셋은 악을 범하고도 부끄러운 마음이 없는 사람이니라.]

『대종경』「요훈품」38장

- **제도 濟度** : 불보살이 중생을 고해에서 건지어 성불 해탈하는 열반의 피안인 극락세계로 인도해 주는 것. 교화敎化와 같은 말로 쓰인다. 제도에는 타인을 구원하는 제도와 자기 자신이 스스로 해탈하는 제도가 있다. 전자를 '자도自度'라 하고, 후자를 '타도他度'라 한다. 불보살들은 온갖 방편과 무량한 법문으로 중생을 제도한다. 다른 사람을 제도하기도 어렵지만 자기 자신을 제도하는 일이 더 어렵기 때문에 수행자들은 자기 제도를 위해 고행 난행을 서슴지 않는다. 다른 사람을 제도하기 전에 자기 자신을 먼저 제도하는 것이 더 중요하다.
- **어른** : 다 자란 사람. 또는 다 자라서 자기 일에 책임을 질 수 있는 사람. 나이나 지위나 항렬이 높은 윗사람. 결혼을 한 사람. 한집안이나 마을 따위의 집단에서 나이가 많고 경륜이 많아 존경을 받는 사람.
- **염치 廉恥** : 체면을 차릴 줄 알며 부끄러움을 아는 마음.

제도하기 어려운 사람 | 풀이 |

대종사 말씀하시기를
[세상에 세 가지 제도하기 어려운 사람이 있나니,

소태산 대종사님께서 대각하신 후 전무專務하신 일, 오롯이 힘쓴 일은 무엇일까요?
여러 가지로 답할 수 있겠지만 '제도濟度 사업'이라고 해야 할 것입니다.
'파란고해의 일체 중생을 광대무량한 낙원으로 인도'하는 일에 전심전력하셨습니다.
평생을 제도 사업에 전력하신 경험에 바탕한 말씀이라고 볼 수 있습니다.
이래서는 안 된다는 경책의 가르침입니다.

하나는 마음에 어른이 없는 사람이요,

어른이 어린 사람으로부터 존경받는 이유는 아마도
인생 경험이 많고 그로부터 얻은 지혜로 인해 배울 점이 많기 때문일 것입니다.
'마음에 어른이 없다'는 것은 배울 사람이 없다는 뜻이 됩니다.
내가 낫다, 내가 잘났다는 자만심이 가득함을 의미합니다.
교리적으로는 지혜로운 이를 본받으려는 '지자본위智者本位'에 어긋나는 태도입니다.
이런 태도로는 불보살의 가르침도 하찮게 여기기 쉽습니다.
지혜를 더하기 어렵고 진급하기도 쉽지 않습니다.
삶이 정체를 거듭하고 나중에는 퇴보할 것입니다.

둘은 모든 일에 염치가 없는 사람이요,

모든 일에 염치가 없다는 것은 모든 일에 잘못을 해도 부끄러움이 없다는 뜻입니다.
흔히 '예의 염치가 없다'고 말하곤 하죠.

이런 사람은 일반적인 예의범절도 당연히 지키지 않을 것입니다.
예의를 벗어난 것에도 부끄러운 마음이 없기 때문입니다.
모든 일에 '자신의 잘못'을 모르니 그 잘못을 개선할 수도 없을 것입니다.
잘못을 깨달아 부끄러움을 느껴야 '참회'를 해서 '새 생활을 개척'할 수 있는데
염치가 없으니 참회의 길도 끊어지게 됩니다.
잘못을 계속한다는 것은 삶이 정체한다는 것이고 퇴보하고 강급함을 의미합니다.
염치가 없다는 것은 '옳고 그름' 즉, '시비이해'의 기준이 흐려졌음을 뜻합니다.
이는 곧 '대소유무'에도 어두워서 '사리 분별을 못하는' 것을 의미합니다.
이런 사람들에겐 강급과 진급의 분별도 무의미합니다.
옳음과 그름, 강급과 진급을 분별해서 그른 행동이나 강급할 행동을 했을 때
부끄러워해야 개선이 가능하기 때문입니다.
염치가 없는 사람을 지도해서 제도하기란 매우 난감한 일입니다.

셋은 악을 범하고도 부끄러운 마음이 없는 사람이니라.]

대종사님은 이 사람을 가장 심각한 사례로 손꼽으신 것 같습니다.
분별심이 모자라서 '모든 일에 염치가 없는 사람'에서 더 나아가,
'악을 범하고도 부끄러움이 없는' 악한 사람이라고 봐야겠습니다.

쉽게 말하자면 '부끄러움도 모르는 악인'인 셈입니다.
실수로 악행을 저지른 사람도 아니고,
선악을 제대로 분별하지 못하는 어리석은 사람도 아닌 것입니다.
악행인 줄을 알면서 고의로 악행을 저지르는 사람이라고 보아야 합니다.
아무리 불보살이라도 제도하기 어려울 수밖에 없습니다.
본인이 회심을 해서 자신의 악행에 대해 부끄러움을 느끼고 참회를 해야 하는데
그것을 기약하기가 어려운 경우입니다.

참고로, 「법위등급」 '대각여래위' 조목에서
'대자대비로 일체 생령을 제도하되 만능이 겸비하며, 천만 방편으로 수기응변하여 교화하되 대의에 어긋남이 없고 교화 받는 사람으로서 그 방편을 알지 못하게 하며'라는 내용이 있는데 이런 능력을 갖춘 소태산 대종사님께서도 '제도하기 어려운 사람'이라고 칭할 정도이니 그 난감함을 다 헤아리기가 어렵습니다.
공부인이라면 정도는 다를지라도 이런 제도하기 어려운 태도가 자신에게 있지 않은지 늘 성찰하고 반성해야겠습니다.

나의 마음공부

• 나는 마음에 '어른'을 모시고 있나요?

• 나는 스승님을 모시고 문답 감정을 받아가며 공부하고 있나요?

• 혹시 나는 '염치없는' 사람인가요?

- 혹시 나는 '악을 범하고도 부끄러운 마음이 없는 사람'이 아닌가요?

- 나는 내 심신작용을 하는 가운데 무엇이 잘못인지 잘 알아차리고 있나요?

- 나는 법문과 같이 제도하기 어려운 사람을 제도하려면 어떻게 해야 할까요?

대종사 말씀하시기를
[대중 가운데 처하여
대중의 규칙을 어기는 것은 곧 그 단체를 파괴하는 것이요,
대중의 뜻을 무시하는 것은 곧 천의를 어김이 되나니라.]

『대종경』「요훈품」39장

대중의 규칙을 어기는 것은 | 풀이 |

대종사 말씀하시기를
[대중 가운데 처하여

'인간은 사회적 동물'이란 말이 있죠.
인간은 사회 속에서 비로소 인간다운 삶을 살 수 있습니다.
완전히 고립되어서는 사람다운 삶을 살 수 없습니다.
가정, 직장, 사회, 국가 등 어떤 조직에든 속해서 살아가는데
결국 '대중'과 함께 살아야 할 경우가 많습니다.

대중의 규칙을 어기는 것은 곧 그 단체를 파괴하는 것이요,

대중이 모인 단체는 대부분 '규칙'을 가지고 있습니다.
그 규칙은 단체 존립의 근거가 됩니다.
이 규칙을 어기면 단체도 무너지고 파괴되는 셈입니다.
소태산 대종사님께서 이렇게 상식적인 법문을 하시는 이유는 무엇일까요?
이 '상식'과 같은 일이 잘 지켜지지 않음이 안타까우셨기 때문일 것입니다.
대종사님도 교단을 조직해서 운영하셨고,
그 당시 국가 조직은 외세의 침탈로 파괴되고 있던 때이니
'단체', 조직의 존립 근거인 규칙 지키기에 대한 바람이 각별했을 것 같습니다.
대종사님은 『정전』 「법률은」 '법률 보은의 강령'에서
"법률에서 금지하는 조건으로 피은이 되었으면 그 도에 순응하고,
권장하는 조건으로 피은이 되었으면 그 도에 순응할 것이니라."라고 설하셨습니다.
또한 '법률 배은의 결과'에서는
"우리가 만일 법률에 배은을 한다면, 우리 자신도 법률이 용서하지 아니하여,

부자유와 구속을 받게 될 것이요, 각자의 인격도 타락하여 세상도 질서가 소란한 수라장修羅場이 될 것이니라."라고 하여 '대중의 규칙을 어기는 것'의 과보를 설명해주셨습니다.
단체가 무너지는 위험에 대해 '수라장이 될 것'이라고까지 경고하셨습니다.

대중의 뜻을 무시하는 것은 곧 천의를 어김이 되나니라.]

단체의 규칙은 곧 그 단체를 구성하는 조직원들의 '뜻'과 '마음'이 반영된 것입니다.
수많은 논의를 거쳐서 집단 지성을 발휘한 결과물인 것입니다.
그 과정에서 각자의 사심이 걸러지게 되니 '천의天意'라고 할 만합니다.
그러니 '대중의 뜻'이 담긴 '규칙'을 어기는 것은 '천의'를 어김이 되는 셈입니다.
현대 사회가 법치주의를 근간으로 하고 있음도 이런 뜻에 맞닿아 있습니다.
대종사님께서 신앙의 강령을 '사은'(천지은·부모은·동포은·법률은)으로 삼으면서
'법률은法律恩'을 포함시킨 것은 의미심장한 구세 경륜이라고 생각합니다.
'법률은'에서 언급된 '법률'은 사회의 실정법만이 아니라
'인도 정의의 공정한 법칙'으로서 '종교'와 '도덕'을 포함한 넓은 개념이지만
'법률은'을 신앙의 강령으로 제시한 교조나 성현이 없었음을 본다면
대종사님 교법의 독창성에 주목하게 됩니다.
'법률은'을 말씀하신 대종사님의 본의를 파악하면
이 법문의 의미도 자연스럽게 파악할 수 있습니다.

단체의 '규칙'이 단순한 규칙이 아니라 '천의'라고까지 설하신 본의를
깊이 새겨야겠습니다.
'규칙'을 지키는 행위가 원불교에서는 신앙행위요 수행임을 유념해야 합니다.

• **수라장 修羅場** : 육도세계 가운데 수라들이 모여서 어지럽게 싸우는 곳. 아수라장과 같은 말. 전쟁·투쟁·혼란·무질서로 뒤범벅이 되고 끔찍스럽도록 야단스러운 곳. 가령 폭탄이 떨어져 수많은 사람들이 죽고 다쳐 야단스러운 곳이라든가, 큰 교통사고나 큰 재해가 일어난 곳 같은 경우를 수라장이라 한다. 질서가 없고 윤리 도덕이 타락하여 인간성이 상실된 혼란한 인간세상을 비유하는 말.

나의 마음공부

• 나는 어떤 '대중'과 함께 살아가고 있나요?

• 내가 주로 지켜야 할 '대중의 규칙'은 무엇인가요?

• 내가 주로 '어기는' 대중의 규칙은 무엇인가요?

• 혹시 내가 '대중의 규칙'을 어기고 있다면 그 이유는 무엇인가요?

• 나는 대종사님의 '법률은' 교리를 잘 이해하고 실행하고 있나요?

대종사 말씀하시기를
[대중 가운데 처하여 비록 특별한 선과 특별한 기술은 없다 할지라도 오래 평범을 지키면서 꾸준한 공을 쌓는 사람은 특별한 인물이니, 그가 도리어 큰 성공을 보게 되리라.]

『대종경』「요훈품」 40장

특별한 인물 | 풀이 |

대종사 말씀하시기를
[대중 가운데 처하여 비록 특별한 선과 특별한 기술은 없다 할지라도

소태산 대종사님께서 대중과 함께하는 생활의 지혜에 대해 설하십니다.
대개는 '특별한 선禪'이나 '특별한 기술'을 가진 사람이 대우를 잘 받습니다.
아무래도 그런 사람들이 모범이 되고 성과도 내기 때문일 것입니다.
하지만 대종사님은 다른 사람도 높이 평가해주십니다.

오래 평범을 지키면서 꾸준한 공을 쌓는 사람은 특별한 인물이니,

'오래', '평범을 지키면서', '꾸준한 공을 쌓는 사람'을
오히려 '특별한 인물'로 높이 평가하십니다.
오래도록 평범하게 꾸준한 공을 쌓는 것이 얼마나 어려운지는 해본 사람이 압니다.
이 대목은 정성스러운 삶의 태도를 칭송하고 있습니다.
『정전』「팔조」에서는 '성誠'을 "성이라 함은 간단 없는 마음을 이름이니,
만사를 이루려 할 때에 그 목적을 달하게 하는 원동력이니라."라고 했습니다.
이 법문의 '특별한 인물'은 바로 정성스러운 사람을 의미한다고 볼 수 있습니다.
'꾸준한 공을 쌓는 사람'이 그만큼 흔치 않다는 의미도 될 것입니다.

그가 도리어 큰 성공을 보게 되리라.]

대종사님은 '오래 평범을 지키면서 꾸준한 공을 쌓는 사람'을 높이 평가하십니다.
'특별한 선과 특별한 기술'을 가진 사람보다 높이 평가하십니다.
왜냐하면 '특별한 선과 특별한 기술'을 가진 사람이라도

'오래 평범을 지키면서 꾸준한 공을 쌓는' 정성심이 없다면
'큰 성공'을 할 수 없기 때문입니다.

곳곳에서 이렇게 '평범'하게 '오래'도록 '꾸준한 공을 쌓는 사람'들을
귀하게 대우하고 그들의 은혜에 감사해야겠습니다.
우리 삶의 태도도 성찰해야겠습니다.

나의 마음공부

- 나는 대중 가운데서 어떤 사람을 가장 높이 평가하나요?

- 내 주변에서 '오래 평범을 지키면서 꾸준한 공을 쌓는 사람'을 찾아봅니다.

- 나는 '오래 평범을 지키면서 꾸준한 공을 쌓는 사람'인가요?

- 대종사님께서 생각하시는 '큰 성공'의 의미는 무엇일까요?

대종사 말씀하시기를
[도가의 명맥命脈은 시설이나 재물에 있지 아니하고,
법의 혜명慧命을 받아 전하는 데에 있나니라.]

『대종경』「요훈품」41장

- **도가道家** : 도덕가道德家의 준말. 도덕을 가르치고 베푸는 종교가를 이른다. 시비이해로 건설되어 분쟁과 번뇌가 쉬지 않는 시끄러운 인간 세상에서 종교는 진리를 가르치고 도덕을 실행하며 양심을 찾아서 살아가는 길을 연다는 뜻에서 쓰는 말이다.
- **명맥命脈** : 목숨과 맥박. 목숨을 이어가는 근본을 말한다. 어떤 일의 지속에 필요한 최소한의 중요 부분. 보살의 혜명慧命을 받아 후세에까지 길이 전승傳承하는 것.
- **혜명慧命** : 지혜를 생명에 비유하는 말. 대도정법의 명맥이라는 뜻으로 사용된다. 사람의 생명을 이어 가듯이 대도정법이 끊이지 않고 이어가는 것 또는 그 사람을 의미한다.

도가의 명맥命脈　|풀이|

대종사 말씀하시기를
[도가의 명맥命脈은 시설이나 재물에 있지 아니하고,

'도가의 명맥'은 종교의 생명이라고 달리 말할 수 있습니다.
소태산 대종사님께서는 종교의 생명은 '시설이나 재물'이 아니라고 단언하십니다.
사실 이런 말씀의 뜻을 범부들도 알고 있습니다.
하지만 역사적으로나 현실적으로 볼 때 종교적 가치가 물질적 가치에 의해
오염되거나 훼손된 사례는 매우 흔합니다.
종교라는 미명으로 물질적 탐욕을 추구하곤 했습니다.
종교적 구원을 물질적 보상과 교환하거나 탐욕과 기만에 물든 거대한 종교 전쟁을
벌이기도 했습니다.
타락한 성직자들이 민중의 고혈마가 된 역사는 흔했습니다.
종교적 권력과 세속적 권력의 야합도 빈번했습니다.
청빈과 무소유 등 자발적 가난을 표방하면서도 뒤에서는 물질적 부를 축적하는
종교적 행태 또한 현재 진행형이라고 할 수 있습니다.
최소한의 적절한 '시설과 재산'도 교화를 위해 필요합니다만,
그것이 주가 되고 거기에 매몰되면 도가의 명맥은 이어지기 힘듭니다.
종교인들은 '도가의 명맥', 핵심 가치가 무엇인지를 늘 성찰하고 반성해야 합니다.

법의 혜명慧命을 받아 전하는 데에 있나니라.]

불보살이 불보살인 이유, 성현이 성현인 이유는 그들의 깨달음과 지혜에 있습니다.
결코 '시설과 재산'에 있지 않습니다.
오히려 교조가 된 제불제성諸佛諸聖은 늘 맨손으로 회상을 이뤘습니다.

그들이 깨달은 진리를 널리 전하고자 했을 뿐입니다.
필요 이상으로 시설과 재산을 늘릴 때 종교는 타락의 길로 접어듭니다.

불교는 석가모니 부처님의 혜명을 받아 전하고,
유교는 공자님의 혜명을 받아 전하고,
선교는 노자와 장자님의 혜명을 받아 전하고,
기독교는 예수님의 혜명을 받아 전하고,
원불교는 소태산 대종사님의 혜명을 받아 전하는 일을 생명으로 삼아야 합니다.
매우 간명한 법문이지만 종교인들이 반드시 명심해야 할 가르침입니다.

나의 마음공부

- 내 삶의 명맥命脈은 무엇인가요?

- 나는 소태산 대종사님으로부터 '법의 혜명'을 받았나요?

- 나는 '법의 혜명'을 누구에게 전하고 있나요?

- 원불교의 명맥을 잇기 위해서 내가 해야 할 일은 무엇인가요?

대종사 말씀하시기를
[참 자유는 방종放縱을 절제하는 데에서 오고,
큰 이익은 사욕을 버리는 데에서 오나니,
그러므로 참 자유를 원하는 사람은 먼저 계율을 잘 지키고,
큰 이익을 구하는 사람은 먼저 공심公心을 양성하나니라.]

『대종경』「요훈품」 42장

- **방종 放縱** : 아무 거리낌 없이 자기 마음대로 행동함.
- **공심 公心** : 공평하여 사사로움이 없는 마음. 공정하고 편벽되지 않는 마음. 공익심의 준말. 원불교에서 신심과 아울러 가장 강조하는 마음. 자기 개인이나 자기 가족만을 위하는 마음이 아니라 사회나 국가나 인류 전체를 위하는 마음. 공심에는 부분 공심과 전체 공심이 있다. 개인이나 자기 가족만을 위한 것이 아니라도 자기가 속한 기관이나 단체의 이익을 먼저 생각하는 것은 부분적인 공심에 속한 것이며, 국한을 넓혀 사회 전체를 생각하는 것을 전체 공심이라 하는 것으로 전체를 생각하는 마음이 우선되어야 진정한 공심이라 할 수 있다.

참 자유 | 풀이 |

대종사 말씀하시기를
[참 자유는 방종放縱을 절제하는 데에서 오고,

방종은 참 자유가 아닙니다.
나의 방종은 누군가의 부자유를 초래합니다.
방종은 자유로운 마음이 아니라 욕망에 끌려가는 것입니다.
개인의 자유와 모두의 자유를 온전히 보장하고 누리려면
방종은 절제되어야 마땅합니다.
불가에서 삼독 오욕을 절제하고 계문을 지키려고 노력하는 것도 같은 이유입니다.
방종의 결과와 참 자유의 결과는 명백한 차이를 가져옵니다.
인과보응의 이치에 따른 결과입니다.

큰 이익은 사욕을 버리는 데에서 오나니,

'사리사욕私利私慾'이란 말이 있듯이 사적 욕심을 채우면 사적 이익을 얻을 뿐입니다.
반대로, 개인의 이익만을 추구하면 개인적인 욕망의 충족만 얻을 뿐입니다.
'사욕'을 버리지 않고 '큰 이익' 즉, 공익을 얻을 수는 없습니다.
예컨대, 대통령이 개인적 욕심을 앞세우면서 국익을 추구할 수는 없습니다.
불보살과 성현님들이 사욕을 다 채우면서 세상을 위한 일을 잘할 수는 없습니다.

그러므로 참 자유를 원하는 사람은 먼저 계율을 잘 지키고,

누구나 지켜야 할 것을 서로 지킬 때 '참 자유'를 공유할 수 있습니다.
계율도 지켜야 할 것에 해당합니다.

언뜻 보면 계율이 개인의 자유를 방해하는 것 같지만
계율의 목적은 '형식적인 자유'가 아니라 '참 자유'에 있습니다.
'방종'을 절제시켜 '참 자유'를 얻도록 해줍니다.

큰 이익을 구하는 사람은 먼저 공심公心을 양성하나니라.]

'사리私利'와 '사익私益'을 취하려면 '사심私心'으로 살아도 됩니다.
하지만 '공익公益'을 추구하려면 반드시 '공심公心'이 필요합니다.
'공익'은 '사익'보다 '큰 이익'입니다.
'공심'도 '사심'보다 훨씬 '큰 마음'입니다.

그리고 공심 가운데 가장 큰 공심은 '무아봉공無我奉公'의 공심입니다.
이 공심은 진리에 대한 깨달음에서 비롯되는 공심,
수행으로 마음을 비워 무아無我가 된 공심,
사은의 큰 은혜를 깊이 느끼고 깨달아 보은하는 공심일 것입니다.

참고로 대종사님은 「수행품」 37장에서
'나의 가르치는 법은 오직 작은 것을 크게 할 뿐이며,
배우는 사람도 작은 데에 들이던 그 공력을 다시 큰 데로 돌리라는 것이니,
이것이 곧 큰 것을 성취하는 대법이니라.'라고 설하신 바 있습니다.
공부인들은 작은 '사익'을 큰 '공익'으로 돌리고,
작은 '사심'을 큰 '공심'으로 돌려서 큰 것을 성취해야겠습니다.

나의 마음공부

- 나는 '방종'을 잘 절제하고 있나요?

- 내가 버려야 할 '사욕'은 무엇인가요?

- 나에게 '참 자유'란 무엇인가요?

- 나는 '참 자유'를 얻기 위해 어떤 노력을 하고 있나요?

- 내가 얻고 싶은 '큰 이익'은 무엇인가요?

- 내 '공심'의 크기는 얼마나 될까요?

대종사 말씀하시기를
[중생들은 불보살을 복전福田으로 삼고,
불보살들은 중생을 복전으로 삼나니라.]

『대종경』「요훈품」 43장

- **복전福田** : 복을 심고 가꾸어 수확하는 밭. 농부가 밭에 씨를 뿌려 수확하는 것과 같이 복도 심고 가꾸는 터전이 있다. 처처불상 사사불공의 교리에 의하면, 사은은 우리 모두의 복전이 된다. 곧 사은의 은혜를 알아 보은하는 것은 복전을 잘 가꾸는 것이고, 반대로 배은하면 그것이 죄전罪田이 된다. 만나는 모든 대상, 행하는 모든 일들이 복전이다.

복전福田　|풀이|

대종사 말씀하시기를
[중생들은 불보살을 복전福田으로 삼고,

복전은 복을 거둘 수 있는 밭입니다.
복의 씨앗을 뿌리면 복이 열리는 밭이라 복전입니다.

중생들은 누구일까요?
죄복을 잘 알지 못해서 복을 심고 수확할 줄도 모르는 사람들입니다.
그들이 '불보살을 복전으로 삼'는다는 것은 무슨 의미일까요?
불보살에게 복을 심어서 얻는 복은 무엇일까요?
진리에 대한 깨달음, 인과보응의 이치, 복을 받는 방법 등을 배울 수 있는 것이
불보살로부터 얻는 가장 큰 복이 아닐까요?
복을 얻을 수 있는 길인 지은보은의 인생길, 신앙길을 배우고,
마음의 자유를 얻을 수 있는 길인 공부길, 수행길을 배울 수 있는 복일 것입니다.

결국 이런 복을 얻어서 중생들은 불보살의 길로 들어설 수 있을 것입니다.
가장 큰 복이라고 할 수 있습니다.

불보살들은 중생을 복전으로 삼나니라.]

한편, 불보살들은 죄복의 이치도 이미 잘 알고 있으니,
어떻게 해야 복을 받는지를 이미 잘 알고 있습니다.
불보살들은 중생을 복전으로 삼아야 함을 알고 있습니다.
중생을 위해서 땀 흘리는 삶을 사는 이들이 불보살입니다.

중생들이 복을 받아야 자신들도 복 받음을 알고 있고,
중생들이 행복해야 자신들도 행복함을 너무나 잘 알고 있는 이들입니다.
결국 중생들이 진리를 깨닫고, 인과보응의 이치를 깨달아 복락의 길로 갈 수 있도록
안내하고 지도하는 것을 사명으로 아는 이들이 바로 불보살입니다.
중생들이 진급의 길을 가서 불보살이 되도록 하는 것이 그들의 궁극의 목적입니다.
중생들이 불보살이 되고 광대무량한 낙원에서 사는 것이
그들에게는 가장 큰 복인 것입니다.
불보살과 중생은 이렇게 서로 '없어서는 살지 못한 관계'를 맺고 있습니다.

나의 마음공부

- 나는 누구를 '복전福田'으로 삼고 있나요?

- 나의 복은 어디서 오는 것일까요?

- 내가 어떻게 해야 복을 받을 수 있을까요?

- 내가 발견한 가장 큰 복전은 무엇인가요?

대종사 말씀하시기를
[사람으로서 육도와 사생의 세계를 널리 알지 못하면
이는 한편 세상만 아는 사람이요,
육도와 사생의 승강되는 이치를 두루 알지 못하면
이는 또한 눈앞의 일밖에 모르는 사람이니라.]

『대종경』「요훈품」44장

- **육도 六道·六途** : 육취六趣라고도 함. 중생이 업의 원인에 따라 필연적으로 윤회하는 여섯 세계. 지옥地獄·아귀餓鬼·축생畜生·아수라阿修羅·인도人道·천도天道를 육도라 한다. 대부분의 아비달마 불교에서는 윤회의 세계로서 천상도·인도·축생도·아귀도·지옥도의 5도를 설했으며, 대승불교에서 인도 다음에 아수라도를 넣어 육도를 설하는 것이 일반적이다. 육도는 수직으로 배치되어 있으며, 제일 아래쪽에 지옥이 있고, 위쪽에는 무한히 높은 천계(天界)가 있다. 천계는 육욕천六欲天·십팔천十八天·사천四天으로 모두 28천으로 분류되어 있으며, 사천의 제일 위는 윤회세계의 정상인 유정천有頂天으로 되어 있다. 유정천에서 지옥까지의 여러 세계는 계층적으로 욕계欲界·색계色界·무색계無色界의 삼계에 배당되며, 『구사론』에서는 수미산설과 결합하여 장대한 우주론을 설하고 있다.
- **사생 四生** : 불교에서 모든 생명체를 출생방식에 따라 태·난·습·화 네 가지로 분류한 것. 이 사생은 모두 깨치지 못한 미혹(迷惑)의 세계에 존재하여 육도를 윤회하는 것으로 되어 있다.①태생(胎生, jarayuja): 인간·야수 등과 같이 모태에서 태어난 것,②난생(卵生, andaja): 새와 같이 알에서 태어난 것,③습생(濕生, samsvedaja): 벌레·곤충과 같이 습한 곳에서 생긴 것,④화생(化生, upapaduja): 천계나 지옥의 중생과 같이 무엇에도 의지하지 않고 과거의 자신의 업력業力에 의하여 나타나는 것을 말한다. 이러한 사생은 언제나 육도(六道: 天·人間·阿修羅·畜生·餓鬼·地獄)에 차례로 윤회하는 것으로 되어 있다. 원불교에서는 이 사생을 인간의 마음상태에 비유해서 설명하기도 한다. 태생은 인간의 오랜 습성, 난생은 어리석은 성품, 습생은 사견邪見에 끌려가는 마음, 화생은 육도윤회에 떨어지는 것으로도 해석한다.

눈앞의 일밖에 모르는 사람 | 풀이 |

대종사 말씀하시기를
[사람으로서 육도와 사생의 세계를 널리 알지 못하면
이는 한편 세상만 아는 사람이요,

사람은 사람 중심으로 세상을 보기 쉽습니다.
'인상人相' 탓입니다.
육도六道 가운데 인도人道에 편착해서 세상을 보는 셈입니다.
불보살들은 '육도와 사생의 세계를 널리' 알고 있습니다.
그래서 범부들과는 세상을 보는 관점과 살아가는 방식이 다를 수밖에 없습니다.

육도와 사생의 승강되는 이치를 두루 알지 못하면
이는 또한 눈앞의 일밖에 모르는 사람이니라.]

범부와 중생들이 '눈앞의 일밖에 모르는' 까닭은
'육도와 사생의 승강되는 이치', 변화의 이치를 '두루 알지 못하'기 때문입니다.
관점이 다르니 삶의 태도나 방식, 목적도 다를 수밖에 없습니다.
인간이라는 경계, 현생과 내생이라는 경계를 넘어설 수 없으니
'눈앞의 일밖에 모르는' 단촉한 사람이 될 수밖에 없습니다.

다음은 육도 사생에 관해 참고할 법문입니다.
'무상으로 보면 우주의 성·주·괴·공成住壞空과 만물의 생·로·병·사生老病死와 사생四生의 심신 작용을 따라 육도六途로 변화를 시켜 혹은 진급으로 혹은 강급으로 혹은 은생어해恩生於害로 혹은 해생어은害生於恩으로 이와 같이 무량 세계를 전개하였나니,'
– 『정전』「일원상 서원문」

요훈품

"아상을 없애는 데는 내가 제일 사랑하고 위하는 이 육신이나 재산이나 지위나 권세도 죽는 날에는 아무 소용이 없으니 모두가 정해진 내 것이 아니라는 무상의 이치를 알아야 될 것이며, 인상을 없애는 데는 육도 사생이 순환 무궁하여 서로 몸이 바뀌는 이치를 알아야 될 것이며, 중생상을 없애는 데는 본시 중생과 부처가 둘이 아니라 부처가 매하면 중생이요 중생이 깨치면 부처인 줄을 알아야 될 것이며, 수자상을 없애는 데는 육신에 있어서는 노소와 귀천이 있으나 성품에는 노소와 귀천이 없는 줄을 알아야 할 것이니, 수도인이 이 사상만 완전히 떨어지면 곧 부처니라." - 『대종경』「변의품」19장

"한 사람이 여쭙기를 [사람이 만일 지극한 마음으로 수도하오면 정업이라도 가히 면할 수 있겠나이까.] 대종사 말씀하시기를 [이미 정한 업은 졸연히 면하기가 어려우나 점진적으로 면해 가는 길이 없지 아니하나니, 공부하는 사람이 능히 육도 사생의 변화되는 이치를 알아서 악한 업은 짓지 아니하고, 날로 선업을 지은즉 악도는 스스로 멀어지고 선도는 점점 가까와 질 것이며, 혹 악한 인연이 있어서 나에게 향하여 옛 빚을 갚는다 하여도 나는 도심으로 상대하여 다시 보복할 생각을 아니한즉 그 업이 자연 쉬어질 것이며, 악과를 받을 때에도 마음 가운데 항상 죄업이 돈공한 자성을 반조하면서 옛 빚을 청산하는 생각으로 모든 업연을 풀어 간다면 그러한 심경에는 천만 죄고가 화로에 눈 녹듯 할 것이니, 이것은 다 마음으로 그 정업을 소멸시키는 길이요, 또는 수도를 잘한즉 육도 세계에 항상 향상의 길을 밟게 되나니, 어떠한 악연을 만날지라도 나는 높고 그는 낮으므로 그 받는 것이 적을 것이며, 덕을 공중에 쌓은즉 어느 곳에 당하든지 항상 공중의 옹호를 받는 지라, 그 악연이 감히 틈을 타서 무난히 침범하지 못할지니, 이는 위력으로써 그 정업을 경하게 하는 것이니라.]" - 『대종경』「인과품」9장

"학인의 육도 사생에 대한 질문에 답하시기를 [육도 사생으로 건설되는 이 세계는 우리 마음의 차별심으로부터 생겨서 나열된 세계니라. 천도란 모든 경계와 고락을 초월하여 그에 끌리지 아니하며 고 가운데서도 낙을 발견하여 수용하는 세계요, 인도란 능히 선도 할만하고 악도 할만하여 고도 있고 낙도 있으며, 향상과 타락의 기로에 있어 잘하면 얼마든지 좋게 되고 자칫 잘못하면 악도에 떨어지게 되는 세계요, 축생계란 예의 염치를 잃어버린 세계요, 수라란 일생 살다 죽어버리면 그만이라고 하여 아무것도 하지 않

고 허망히 살기 때문에 무기공에 떨어진 세계요, 아귀란 복은 짓지 아니하고 복을 바라며, 명예나 재물이나 무엇이나 저만 소유하고자 허덕이는 세계요, 지옥이란 항상 진심을 내어 속이 끓어올라 그 마음이 어두우며 제 주견만 고집하여 의논 상대가 없는 세계니라. 이와 같이 육도 세계가 우리의 마음으로 건설되는 이치를 알아서 능히 천도를 수용하며 더 나아가서는 천도도 초월하여야 육도 세계를 자유 자재하나니라.]"
- 『정산종사법어』「경의편」52장

육도 사생의 세계를 알지 못하면 사상四相에서 벗어나기 힘들 뿐만 아니라
마음의 자유도 얻을 수 없습니다.
수행의 공덕을 얻기 위해서도 육도 사생에 대한 앎이 전제되어야 합니다.

소태산 대종사님께서 『정전』「개교의 동기」에서
'파란고해의 일체 생령을 광대무량한 낙원으로 인도하려 함이 그 동기니라.'라고
설하신 데서 알 수 있는 것은
'사람'만을 낙원으로 인도하려고 개교를 하신 것이 아니라는 점입니다.
'일체 생령'을 낙원으로 인도하려는 것이 '개교의 동기'인 것입니다.
'일체 생령'이 바로 '육도 사생'이라고 할 수 있습니다.

소태산 대종사님은 '육도와 사생의 세계를 널리 알'고 있고,
'육도와 사생의 승강되는 이치를 두루 알'고 있기에
그들 모두를 구제하려는 대승의 교법을 세상에 내놓으신 것입니다.
하루빨리 공부해서 '육도 사생의 세계를 널리 알'아야
'눈앞의 일' 바깥까지 아는 불보살로 살아갈 수 있을 것입니다.

현대 문명이 눈부신 발전을 거듭하고 있지만 커다란 위기에 봉착하고 있는 이유도
이 법문에서 찾을 수 있습니다.
현대인들이 사람 중심의 관점으로 '한 편 세상만' 알아
'세계를 널리 알지' 못하고, '눈앞의 일밖에 모르'기 때문입니다.

'육도 사생의 세계를 널리 알'고, '육도와 사생의 승강되는 이치를 두루 알'아야 물질문명의 위기를 극복할 수 있을 것입니다.

이런 원만한 알음알이가 '정신개벽'의 초석이 될 것입니다.

나의 마음공부

- 나는 '육도와 사생의 세계를 널리 알'고 있나요?

- 나는 '육도와 사생의 승강되는 이치를 두루 알'고 있나요?

- '육도와 사생의 세계를 널리 알'게 되어 내 삶이 어떻게 변화했나요?

- '육도와 사생의 승강되는 이치를 두루 알'게 되어 내 공부와 삶이 어떻게 변화했나요?

대종사 말씀하시기를
[그 마음에 한 생각의 사(私)가 없는 사람은
곧 시방 삼계를 소유하는 사람이니라.]

『대종경』「요훈품」 45장

시방 삼계를 소유하는 사람   [풀이]

대종사 말씀하시기를
[그 마음에 한 생각의 사^私가 없는 사람은

'한 생각의 사^私'는 개인이란 울타리를 만듭니다.
나와 너를 갈라 간격을 만드는 경계가 됩니다.
'나'라는 한 생각으로 인해 '너'라는 상대가 생기게 됩니다.

세상 사람 누구나 한 인간으로서의 정체성을 갖는데
과연 '그 마음에 한 생각의 사^私가 없는 사람'이 있을 수 있을까요?
여기서 '사가 없는 사람'이란 '개인의 부정'을 의미하지 않습니다.
독립된 개인이되 '사^私'라는 '한 생각', 관념이 없는 것을 의미합니다.

『정전』「일원상 법어」에 의하면,
'이 원상의 진리를 각^覺하면 시방 삼계가 다 오가^{吾家}의 소유인 줄을 알며',
'원만구족한 것이며 지공무사한 것인 줄을 알리로다.'라는 내용이 있습니다.
본 법문과 상통하는 법문입니다.
'그 마음에 한 생각의 사^私'를 없애려면 진리를 깨달아야 합니다.
그 진리의 속성이 '원만구족^{圓滿具足}'한데 그치지 않고 '지공무사^{至公無私}'하기 때문에
'무사^{無私}'할 수 있는 것입니다.
자신의 본질, 본성을 깨닫지 않고는 억지로 '무사^{無私}'할 수 없습니다.
'무사^{無私}'하니 '지공^{至公}'할 수 있는 것입니다.
'무사^{無私}'와 '지공^{至公}'이란 경지는 동시에 드러납니다.

비유하자면,
물이 담긴 비닐봉지가 태평양을 떠다니다가 봉지가 열리는 것과 같다고 할까요?
그 비닐봉지가 '사私'라는 '한 생각'이라면 이 한 생각이 열리는 순간
봉지 안에 담겼던 물은 바로 태평양과 하나가 되는 것입니다.

내가 따로 존재하는 것이 아니라 '사은'(천지은·부모은·동포은·법률은)에 속한
존재요, 우주 만유와 하나인 존재임을 아는 순간 작은 나는 사라지게 됩니다.
「일원상 서원문」의 '일원의 체성에 합'한다는 교리와 상통하게 됩니다.

또한 「서품」1장의 '만유가 한 체성이며 만법이 한 근원이로다'라는
대각 일성과도 상통합니다.
이 자리가 바로 '사私' 없는 자리라고 할 수 있습니다.

곧 시방 삼계를 소유하는 사람이니라.]

『정전』「일원상 법어」는 '이 원상의 진리를 각하면 시방 삼계가 다 오가吾家의 소유인
줄을 알며'라는 내용으로 시작됩니다.
여기서의 '오가吾家'는 '사가私家'의 의미가 아닙니다.
진리를 깨닫는 순간 '사私'라는 한 생각이 없는 자리로 진입했기 때문입니다.
여기서 '오가吾家'는 '내 집'임과 동시에 '우주 만유 모두의 집'인 것입니다.
'일체 생령의 집'인 셈입니다.
말 그대로 '우주宇宙'일 뿐입니다.

'내 것'이 있어야 마음이 흡족하고,
'사私'라는 '한 생각'을 마음에서 비울 수 없다면,
그 사람은 소태산 대종사님이 깨달은 궁극의 진리, 유일무이한 우주의 진리인
'일원상의 진리'를 온전히 깨달았다고 할 수 없습니다.
이 진리를 온전히 깨닫지 않고는 결코 '시방 삼계를 소유'할 수 없습니다.

요컨대, 이 법문은 '나'라는 한 생각, 한 마음을 비워야
시방 삼계, 우주 만유가 모두 '나의 것'이 된다는 이율배반적인 가르침입니다.
유무 초월의 마음공부로 나와 너라는 경계를 넘어서야 가능한 경지입니다.
어려워 보이기도 하고 쉬워 보이기도 하는 한 경지입니다.
결국, 한 마음에 달렸습니다.

나의 마음공부

- '사私'라는 '한 생각'을 마음에서 비우려면 어떻게 해야 할까요?

- '사私'라는 '한 생각' 없이 살아가는 것이 가능할까요?

- '시방 삼계를 소유'한다는 것은 무슨 의미일까요?

- '시방 삼계를 소유하는 사람'의 삶의 태도나 방식은 어떨까요?

- 나는 '시방 삼계'를 얼마나 '소유하는 사람'인가요?

- 나는 '시방 삼계를 소유한 사람'을 본 적이 있나요?

『대종경』 15품의 주요 내용

제 1 서 품 : 원불교 창립 목적과 배경, 주요 과정 및 불교 혁신의 내용 등 소태산 사상의 서설적 법문.
제 2 교의품 : 원불교의 신앙·수행 교리 전반에 관한 법문.
제 3 수행품 : 원불교 수행법 이해와 실행에 관한 다양한 법문.
제 4 인도품 : 도덕의 이해와 실천에 관한 원론적 법문과 다양한 응용 법문.
제 5 인과품 : 인과보응의 이치에 대한 다양한 해석 사례와 응용 법문.
제 6 변의품 : 교리에 관련된 다양한 의문들에 관한 응답 법문.
제 7 성리품 : 성품의 원리와 깨달음, 견성 성불 및 성리문답에 관한 법문.
제 8 불지품 : 부처님의 경지와 심법, 자비방편에 관한 법문.
제 9 천도품 : 생사의 원리와 윤회·해탈, 영혼 천도에 관한 법문.
제 10 신성품 : 신앙인의 믿음과 태도에 관한 법문.
제 11 요훈품 : 인생길과 공부길을 안내하는 짧은 격언 형태의 법문.
제 12 실시품 : 다양한 경계에 응한 대종사의 용심법에 관한 법문.
제 13 교단품 : 원불교 교단의 의의와 운영, 발전 방안 및 미래 구상에 관한 법문.
제 14 전망품 : 사회·국가·세계, 종교, 문명, 교단의 미래에 관한 예언적 법문.
제 15 부촉품 : 대종사가 열반을 앞두고 제자들에게 남긴 부탁과 맡김의 법문.

소태산 대종경 마음공부 (11 요훈품)

발행일 | 원기109년(2024년) 2월 15일
편저자 | 최정풍

디자인 | 토음디자인
인쇄 | ㈜문덕인쇄

펴낸곳 | 도서출판 마음공부
출판등록 | 2014년 4월 4일 제2022-000003호
주소 | 전북 익산시 익산대로 463, 3층
전화 | 070-7011-2392
ISBN | 979-11-986562-0-9
값 | 12,000원

도서출판 마음공부는 소태산마음학교를 후원합니다.
후원계좌 : 농협 301-0172-5652-11 (예금주: 소태산마음학교)